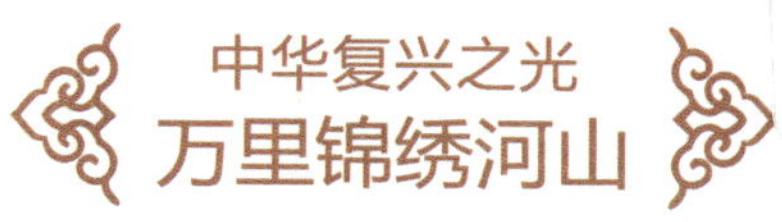

泰山华山之尊

冯 欢 主编

汕頭大學出版社

图书在版编目（CIP）数据

泰山华山之尊 / 冯欢主编. -- 汕头 : 汕头大学出版社，2016.1（2023.8重印）
（万里锦绣河山）
ISBN 978-7-5658-2371-8

Ⅰ. ①泰… Ⅱ. ①冯… Ⅲ. ①泰山—介绍②华山—介绍 Ⅳ. ①K928.3

中国版本图书馆CIP数据核字(2016)第015664号

泰山华山之尊　　TAISHAN HUASHAN ZHIZUN

主　　编：冯　欢
责任编辑：汪艳蕾
责任技编：黄东生
封面设计：大华文苑
出版发行：汕头大学出版社
　　　　　广东省汕头市大学路243号汕头大学校园内　邮政编码：515063
电　　话：0754-82904613
印　　刷：三河市嵩川印刷有限公司
开　　本：690mm × 960mm　1/16
印　　张：8
字　　数：98千字
版　　次：2016年1月第1版
印　　次：2023年8月第4次印刷
定　　价：39.80元
ISBN 978-7-5658-2371-8

前言

党的十八大报告指出："把生态文明建设放在突出地位，融入经济建设、政治建设、文化建设、社会建设各方面和全过程，努力建设美丽中国，实现中华民族永续发展。"

可见，美丽中国，是环境之美、时代之美、生活之美、社会之美、百姓之美的总和。生态文明与美丽中国紧密相连，建设美丽中国，其核心就是要按照生态文明要求，通过生态、经济、政治、文化以及社会建设，实现生态良好、经济繁荣、政治和谐以及人民幸福。

悠久的中华文明历史，从来就蕴含着深刻的发展智慧，其中一个重要特征就是强调人与自然的和谐统一，就是把我们人类看作自然世界的和谐组成部分。在新的时期，我们提出尊重自然、顺应自然、保护自然，这是对中华文明的大力弘扬，我们要用勤劳智慧的双手建设美丽中国，实现我们民族永续发展的中国梦想。

因此，美丽中国不仅表现在江山如此多娇方面，更表现在丰富的大美文化内涵方面。中华大地孕育了中华文化，中华文化是中华大地之魂，二者完美地结合，铸就了真正的美丽中国。中华文化源远流长，滚滚黄河、滔滔长江，是最直接的源头。这两大文化浪涛经过千百年冲刷洗礼和不断交流、融合以及沉淀，最终形成了求同存异、兼收并蓄的最辉煌最灿烂的中华文明。

五千年来，薪火相传，一脉相承，伟大的中华文化是世界上唯一绵延不绝而从没中断的古老文化，并始终充满了生机与活力，其根本的原因在于具有强大的包容性和广博性，并充分展现了顽强的生命力和神奇的文化奇观。中华文化的力量，已经深深熔铸到我们的生命力、创造力和凝聚力中，是我们民族的基因。中华民族的精神，也已深深植根于绵延数千年的优秀文化传统之中，是我们的根和魂。

中国文化博大精深，是中华各族人民五千年来创造、传承下来的物质文明和精神文明的总和，其内容包罗万象，浩若星汉，具有很强文化纵深，蕴含丰富宝藏。传承和弘扬优秀民族文化传统，保护民族文化遗产，建设更加优秀的新的中华文化，这是建设美丽中国的根本。

总之，要建设美丽的中国，实现中华文化伟大复兴，首先要站在传统文化前沿，薪火相传，一脉相承，宏扬和发展五千年来优秀的、光明的、先进的、科学的、文明的和自豪的文化，融合古今中外一切文化精华，构建具有中国特色的现代民族文化，向世界和未来展示中华民族的文化力量、文化价值与文化风采，让美丽中国更加辉煌出彩。

为此，在有关部门和专家指导下，我们收集整理了大量古今资料和最新研究成果，特别编撰了本套大型丛书。主要包括万里锦绣河山、悠久文明历史、独特地域风采、深厚建筑古蕴、名胜古迹奇观、珍贵物宝天华、博大精深汉语、千秋辉煌美术、绝美歌舞戏剧、淳朴民风习俗等，充分显示了美丽中国的中华民族厚重文化底蕴和强大民族凝聚力，具有极强系统性、广博性和规模性。

本套丛书唯美展现，美不胜收，语言通俗，图文并茂，形象直观，古风古雅，具有很强可读性、欣赏性和知识性，能够让广大读者全面感受到美丽中国丰富内涵的方方面面，能够增强民族自尊心和文化自豪感，并能很好继承和弘扬中华文化，创造未来中国特色的先进民族文化，引领中华民族走向伟大复兴，实现建设美丽中国的伟大梦想。

目 录

东岳泰山

西岳华山

东岳泰山

泰山绵亘于山东中部泰安，气势磅礴，拔地通天。东西长约200千米，南北宽约50千米，方圆426平方千米，海拔约1.5千米。泰山古称岱山、岱宗，春秋时改称泰山。

泰山被尊为五岳名山之首，自然景观雄伟奇绝，峻极天下，尤其是南坡，山势陡峻，主峰突兀，山峦叠起，气势非凡。

泰山经过数千年精神文化渗透渲染和人文景观烘托，被历代称为“五岳独尊，天下第一山”，在我国历史文化中享有很高地位，被誉为中华民族精神文化的缩影。1987年，泰山以自然遗产、文化遗产双重身份进入“世界遗产名录”。

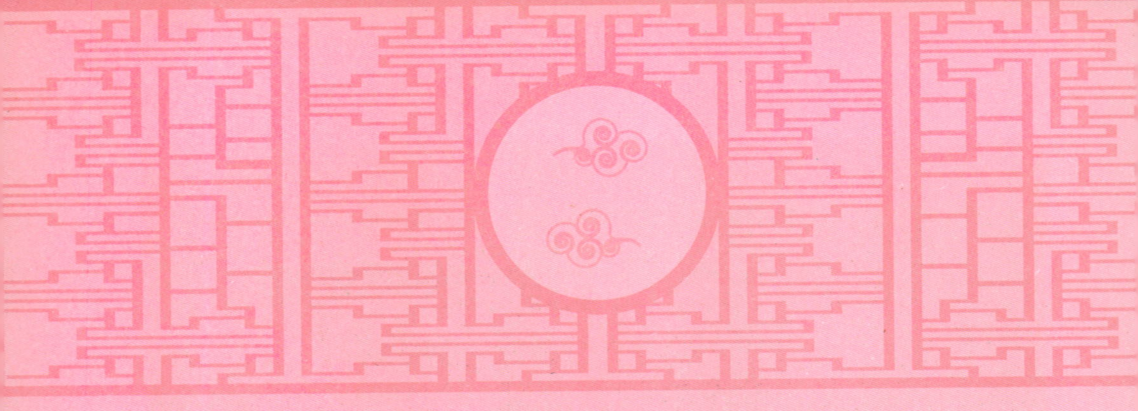

黄飞虎赶山演变成泰山

那是在很久以前，有一座风光秀丽、草木茂盛的无名山。不知在什么时候，有一只万年修炼的白虎悄悄地占据了这座山。

这只白虎一不伤人，二不欺兽，它每日仰卧山间闭目养神，只是在正当午时才径直到河边去饮水。看见白虎出没的人多了，就把这座无名山叫作白虎山。

有一天夜里，电闪雷鸣，大雨倾盆，东海有一条青龙因触犯龙宫

清规，驾着雷雨逃到白虎山对面的山冈上安下了家。这条青龙日隐夜现，鳞光四射，青烟缭绕，惊动了四乡村民，后来人们便叫它青龙山。

青龙、白虎二山遥遥相望，互不服气，对峙不下。白虎山长高一寸，青龙山便长长一尺。天长日久，白虎山高青龙山长。眼看两座山下的人们就要被这两座山封住了，如果人们被隔绝了，那么山里人家就没了生路。

这天，土地神外出察看，发现龙虎相斗，危及百姓，便亲自到天庭禀告玉皇大帝。玉皇大帝闻听后，立即唤来东岳泰山神黄飞虎，让他马上下凡去制止白虎与青龙。

黄飞虎手持赶山鞭，来到汶水边上，他一鞭打断了白虎腿，一鞭抽瞎了青龙眼，镇住了青龙、白虎，并用鞭杆划地为界，留下了一条小溪。

泰山神爱民如子，救了四乡百姓。人们为了感谢泰山神，纷纷捐钱捐款，修盖庙宇，塑像立尊，并在每年的正月十五焚香烧纸，朝拜泰山神，称这座庙为泰山庙。后来这座山也被人们称作泰山了。

泰山又名岱山、岱宗、岱岳、东岳、泰岳。远古时始称火山、太山。“大”在甲骨文与金文中均见其形，读音为“太”。且“太山”意为“大山”，在先秦古文中，“大”与“太”通用。后来，明代文人朱谋编撰的解释双音词的训诂书《骈雅训纂·释名称》说：

古人太字多不加点，如大极、大初、大室、大庙、大学之类，后人加点以别大小之大，遂分为二矣。

按古文字的传统读法，“大”亦有“大”“太”“代”3音。在春秋战国时，由于同音字的引申和同义字的演变，“太”与“泰”“代”与“岱”“岱”与“岳”也互相变通了，这样相继出现了“泰山”“岱山”“岱宗”“岱岳”等专用名称。

“泰山”名称最早见于《诗经》。“泰”意为极大、通畅、安宁。汉代经学家刘向编撰的《五经通义》指出：

宗，长也，言为群岳之长。易姓而王，致太平，必封泰山，禅梁父，天命以为王……

从此，泰山名字传扬天下了。易经的《易·说卦》里有“履而泰，然后安”的说法。“泰”字就由原来的高大、通畅之意引申为了“大而稳，稳而安”。随即出现了“稳如泰山”“国泰民安”“泰山鸿毛”之说。

其实，泰山形成的历史久远，历经了漫长的太古代至新生代各个地质时代的演变过程。地质断裂活动使它隆起，与广袤的华北大平原形成了强烈对比。

在久远的地质变迁中，泰山南部受断裂影响，上升幅度大，基层在上升风化过程中，异峰突起，陡峭峻拔，露出大片基底杂岩。北部

上升幅度小，岭低坡缓，谷宽沟浅，保存有典型的古生代盖层。

泰山地貌分为冲洪积台地、剥蚀堆积丘陵、构造剥蚀低山和侵蚀构造中低山四大类型。在空间形象上，由低而高，造成层峦叠嶂、凌空高耸的巍峨之势，形成了由多种地形群体组合的地貌景观。

泰山上的杂岩已有20多亿年历史，是世界最古老的岩石之一，对研究我国东部元古代地质构造、岩浆活动及板块构造，具有重要的科学价值。

泰山西北麓张夏、崮山、炒米店一带的灰岩和砂页岩发育典型，是北方寒武系地层的标准剖面，是古生物许多种属的命名地或模式标本原产地。后来在山前中溪发现的辉绿玢岩脉圆柱节理，就引起了地质学界的重视。

泰山形成于太古代，因受来自西南和东北两方面的挤压力，褶皱隆起，经深度变质形成了我国最古老的地层，那就是泰山群。后因地壳变动，被多组断裂分割，形成块状山体，后来每年以0.5毫米的速度继续增高。

在泰山南部，太古界岩层上裂隙泉分布很广，从岱顶至山麓，泉溪争流，山高水长，泉水清冽，无色透明，含有人体所需的多种微量元素，是优质的矿泉水，古称“泰山神水”。

在泰山北部，中上寒武系和奥陶系石灰岩岩层向北倾斜，地下水在地形受切割处显露出泉水。从锦绣川向北，泉水汩汩，星罗棋布。

北麓丘陵边缘地带，岩溶水向北潜流，受地层区辉长岩的堵截，纷纷涌露，使古城济南成为“家家泉水，户户杨柳”的泉城。

温带季风性气候使泰山具有明显的垂直变化：山顶年均气温5.3度，比山麓泰安城低7.5摄氏度；年均降水量1100多毫米，相当于山下的1.5倍；山下四季分明，山上春秋相连。泰山冬季较长，形成雾凇、雨凇奇观。夏秋之际，云雨变幻，群峰如黛，林茂泉飞，气象万千。

泰山植被茂密，种类繁多，垂直分布。从山麓拾级而上，可依次见到落叶林、阔叶针叶混交林、针叶林、高山灌木丛，林带界线分明，植物景观各异。

资源丰富的泰山区域，有煤、铁、岩盐、石膏、硫黄、蛇纹石、碧玉等矿藏，泰山板栗、核桃、肥桃、汶香附、鹿角菜、泰山灵芝、白首乌、泰山赤鳞鱼等土特产，驰名中外。

泰山东部临海，西靠黄河，俯瞰曲阜，凌驾于齐鲁大地，几千年来一直是东方政治、经济、文化的重点区域。在中华民族几千年的文化历史长河中，气势磅礴的泰山，与长城、长江、黄河齐肩。

泰山独有的地理位置和气候特点，为岱顶创造了旭日东升、晚霞夕照、泰山佛光、黄河金带奇观，被称为泰山四大奇观。

泰山日出是最壮观而动人心弦的，是岱顶奇观之一，也是泰山的重要标志。随着旭日发出的第一缕曙光撕破黎明前的黑暗，从而使东方天幕由漆黑而逐渐转为鱼肚白、红色，直至耀眼的金黄，喷射出万道霞光。最后，一轮火球跃出水面，腾空而起。

整个过程像一个技艺高超的魔术师，在瞬息间变幻出千万种多姿多彩的画面，令人叹为观止。岱顶观日出历来为人们所向往，也使许多文人墨客为之高歌。

晚霞夕照更是泰山一绝。泰山日落之时，气象万千。特别是雨过天晴、天高气爽、夕阳西下的时候，在泰山极顶，仰望西天，朵朵残云如峰似峦，道道金光穿云破雾，直泻人间。

在夕阳映照下，云峰之上镶嵌着一层金灿灿的亮边，闪烁着奇珍异宝般的光辉。正如有诗道：

谁持彩笔染长空，几处深黄几处红。

还有诗赞美：

清泉泻万仞，落日御千峰。

泰山佛光也是岱顶奇观之一。每当云雾弥漫的清晨或傍晚，若站在泰山上顺光而视，就可能看到缥缈的雾幕上，呈现出一个内蓝外红的彩色光环，将整个人影或头影映在里面，恰似佛像头上五彩斑斓的光环，故得名“佛光”或“宝光”。

泰山佛光是一种光的衍射现象，它的出现是有条件的。据记载，泰山佛光大多出现在6月至8月中的半晴半雾的天气里，而且必须是太阳斜照之时。

黄河金带是泰山又一奇观。当夕阳西下时，举目北眺，在泰山西北，层层峰峦的尽头，可看到黄河像一条金色的带子闪闪发光。河水之光反射到天空，形成蜃景，波光粼粼，黄白相间，如同金银铺就一般，从西南至东北，一直伸向天地交界处。

朵朵残云飘浮在天际，落日的余晖如一道道金光穿过云朵洒满山间。太阳像一个巨大玉盘，由白变黄，越来越大。天空如缎似锦，待到夕阳沉入云底，霞光变成一片火红，天际云朵，山峰好像在燃烧，天是红的，山是红的，云是红的，大地也是红的。

举目远眺，黄河像一条飘带，弯弯曲曲从天际飘来，在落日映照下，白色缎带般的黄河泛起红晕，波光翻滚，给人以动的幻觉。

太阳慢慢靠向黄河，彩带般的黄河像是系在太阳上，在绛紫色的

天边飞舞。恰如清代诗人袁枚在《登泰山诗》中所描绘的：

一条黄水似衣带，穿破世间通银河。

看到黄河金带，人们就会想到泰山美丽的腰玉，还有腰玉由来的传说。

在很久以前，泰山东侧的柴草河畔，住着一个名叫刘栓的青年，他从小死去了父母，独自一人，孤苦伶仃，专靠打柴为生。

刘栓经常到大直沟去砍柴，他经常在沟内桑树下休息。有一天，有一片桑叶飘飘悠悠地落在他手上，他仔细一看，桑叶上还粘着一摊蚕子儿。刘栓觉得扔掉可惜，就小心地把桑叶揣到怀里，担着柴火回了家。

刘栓带回桑叶，几天后那片桑叶上便爬满了蚕宝宝。从此，刘栓每天都要采回一些鲜嫩的桑叶，精心喂养蚕宝宝。刘栓盼着这些蚕早

作茧，好卖了换件衣裳。

有一天，刘栓回到家，见蚕儿全不见了，只剩下一地鸟屎。忽然，刘栓发现一个白胖胖的大蚕儿钻在苇席底下，便赶紧把它捧在手里，那蚕儿不住地摆头，好像难过地诉说刚才的遭遇。刘栓轻轻地把蚕放进箩筐，又铺上厚厚的一层桑叶。

没多久，蚕儿做了一个雪白雪白的茧儿，足有鹅蛋大。刘栓捧着茧儿，舍不得放下，上山砍柴把它揣在怀里，晚上睡觉把它放在枕边，简直寸步不离。

一天夜里，刘栓睡得迷迷糊糊，见那茧儿忽悠悠地飘了起来，飘到天上，竟然变成了一朵白云。一位身穿白罗裙的姑娘，从云头飘下，笑盈盈地走上前来说："刘栓呀！你为何留着茧儿不缫丝呢？"

刘栓醒来，赶紧支起锅，添上水，将茧儿放入水中，只见茧儿越长越大，一眨眼就长满了锅。他急忙找了几根木棍做了个缫车，抽出丝头，一口气缠了七七四十九个丝团，锅里的茧子仍一点不见小。

从此，刘栓夜晚缫丝，白天换回绸缎，日久天长，丝绸店的掌柜觉得蹊跷：一个穷打柴的，哪来这么多蚕丝呢？

一天晚上，丝绸店掌柜悄悄溜到刘栓窗下，伸头向屋里一瞧，见刘栓正忙着缫丝，屋里堆满了雪白的丝团，可是锅里却只有一只茧子。

掌柜这才知道，原来刘栓有一只宝茧。

丝绸店掌柜想要抢走这只宝茧，等刘栓睡着后，他便去偷宝茧，怕走漏风声，就放火把刘栓的草房点着了。丝绸掌柜带着宝茧就逃，刚跑出草房却怎么也跑不动了。

他低头一看，自己的两腿被无数缕蚕丝牢牢地缠住了，而且越缠越紧。一会儿，丝绸掌柜变成了一个蛹子，一群老鸹飞来，一口口把他啄食了。

乡亲们见刘栓的草房着了火，都提着水桶前来救助。大火扑灭了，人们却不见刘栓的踪影，只见草房上空升起了白茫茫的云团，人们见刘栓正和一位白衣姑娘坐在云头，不断地缫丝，他们缫出来的缕缕银丝在天上轻轻飘动，渐渐变成了一条长长的飘带。

这条玉白色的飘带，绕着泰山山腰不断地伸展开来。后来，人们给它起了一个美丽的名字叫泰山腰玉。

泰山风景尤以壮丽著称。累叠的山势，厚重的形体，苍松巨石的烘托，云烟岚光的变化，使它在雄浑中兼有明丽，静穆中透着神奇，成为我国山水名胜的集大成者。

知识点滴

传说在很早很早以前，有一个叫盘古的人生长在天地之间，天空每日升高一丈，大地每日增厚一丈，盘古也每日长高一丈。如此日复一日，年复一年，他就这样顶天立地生活着。

经过了1.8万年，天极高，地极厚，盘古也长得极高，他呼吸的气化作了风，他呼吸的声音化作了雷鸣，他的眼睛一眨一眨地化作了闪电。后来盘古溘然长逝，刹那间巨人倒地，他的头变成了东岳，腹变成了中岳，左臂变成了南岳，右臂变成了北岳，两脚变成了西岳……因为盘古开天辟地，造就了世界，后人尊其为人类祖先，而他的头部变成了泰山。所以，泰山就被称为至高无上的“天下第一山”，成了五岳之首。

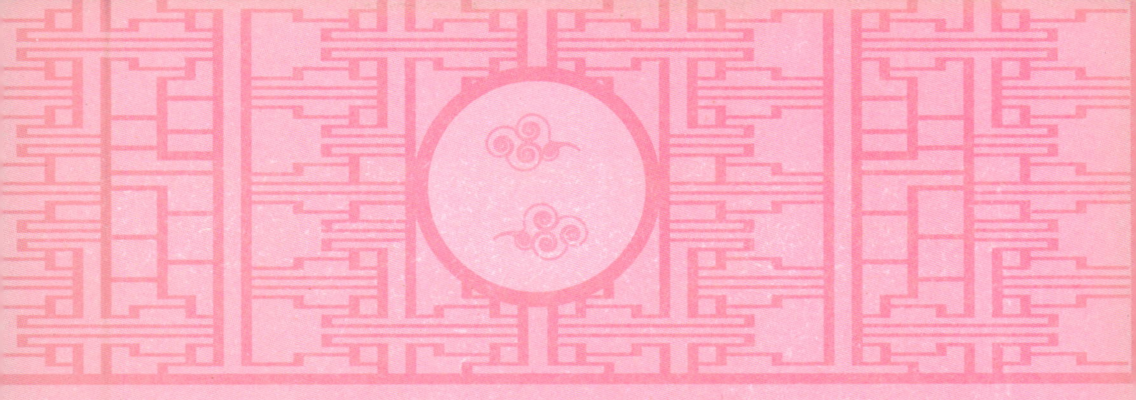

帝王封禅祭祀的神山

泰山雄峻高拔，被古人视为“直通帝座”的天堂，成为帝王告祭和百姓崇拜的神山。

泰山在五岳中最为有名，在很大程度上与历代帝王的封禅活动有

关。泰山封禅是一项规模盛大的祭祀典礼，隆重的程度超过了历朝历代帝王登基的仪式。

据汉代司马迁的《史记·封禅书》记载：

每世之隆；则封禅答焉，及衰而息。

也就是说，帝王要上泰山封禅，一定要有政绩，因为封禅大典是明时盛世的标志，被各个朝代的帝王所注目。

泰山封禅是一种祭祀性的礼仪活动，“封”是在泰山上堆土为坛，在坛上祭祀天神，报答上苍的功绩；“禅”是在泰山下扫除一片净土，在净土上祭祀土神，报答后土的功绩。

封建帝王的泰山封禅活动是政治和迷信的混合物。封禅的起源多与当时社会的生产力和人们对自然现象的认识有很大联系，人们对自

然界的各种现象不能准确地把握，就产生了原始的崇拜。

特别是在面对自然的恐惧状态下，人们对日月山川、风雨雷电更是敬畏有加，于是“祭天告地”也就应运而生了。

人们从最开始的郊野之祭，后来逐渐发展到对名山大川的祭祀。在对名山大川的祭祀中，以泰山封禅最具代表性。

在古代，我国的帝王为了加强政治，都不约而同地宣传“神权天授”的理论。为了使这种理论得以证明，便有了封禅泰山的活动，使泰山祭天的作用得以延续。

封建统治者的这种行为，让泰山在人们心中的神山地位进一步强化了，随后成为每代帝王一生必做的大事之一。

相传，在公元前26世纪，黄帝营建了明堂以祀上帝，首开我国古代祭祀建筑的先河。后来，我国历代的统治者，几乎都建造了专用于祭祀皇天上帝的祭坛。

周代有明堂，秦代有四畤。汉代有甘泉宫，唐宋皆建有圜丘，元世祖定都北京，筑坛来祭天，元成宗时于大都城东南建成郊坛，合祭天地。

泰山是历代帝王封禅祭奠的圣地。其实，在久远的上古时代，就有很多君王曾经封禅泰山。传说中无怀氏、伏羲氏、神农氏、炎帝、黄帝、颛顼、帝喾、尧、舜、禹、汤、周成王都曾经去泰山封过禅，先秦有72位祖先君王祭拜泰山。

随着帝王封禅，全国各地遍建东岳庙、泰山宫、泰山寺庙、东岳祠、奶奶庙、泰山奶奶庙、碧霞祠庙等。泰山渐渐被神化，称“东岳大帝泰山神”。

秦皇嬴政是秦朝的开国皇帝，他统一六国后，效法传说中上古帝王的封禅活动，于始皇帝28年，即公元前219年，率群臣自咸阳东巡郡县，登封泰山。

由汉代司马迁撰写的我国第一部纪传体通史《史记·秦始皇本纪》记载：

二十八年，始皇东行郡县，上邹峄山。立石，与鲁诸生议，刻石颂秦德，议封禅望祭山川之事。乃遂上泰山，立石，封，祠祀。下，风雨暴至，休于树下，因封其树为五大夫。禅梁父。刻所立石……

说秦始皇带着群臣，雄心勃勃地向屹立在东方的泰山进发，由于山路难行，他坐着羊拉的车登上了峄山。秦始皇征召鲁国儒生，商议封禅的礼仪。

儒生们说，封禅礼仪很简单，但对泰山要特别尊重，车轮要用蒲草包裹起来。

秦始皇听后觉得很怪异，认为自己受到了捉弄，于是斥退儒生，排开仪仗直登泰山。

秦始皇登上泰山，他决心要把自己的统一功德流传千古。于是，他决定统一制定标准的文字，并把自己统一全国的赫赫功德，深深地镌刻在象征永恒的泰山石上，由丞相李斯亲笔撰写了我国名山碑刻之祖“立石颂秦皇帝德”，在泰山极顶耸立了起来。碑文刻有：

亲巡远黎，登兹泰山，周览东极。

还传说秦始皇登泰山时，风雨暴至，暂避雨于一棵松下，事后封这棵树为“五大夫”的爵位，以表彰其护驾之功。

秦始皇此举，开启了皇帝封禅泰山的先河。后来，他的儿子秦二世也效仿，封禅泰山，并于秦始皇刻石旁镌刻诏书，后来还残存有10字。这就是泰山最早的秦刻石。

汉武帝刘彻，为了显示他的文治武功，于公元前110年，下诏东巡泰山。当年的农历三月，汉武帝：

> 东上泰山，泰山之草木叶未生，乃令人上石立之泰山巅。

之后他东巡海上，四月返回泰山，在梁父山祭拜地主祠。并自定封禅礼制：宣旨命先在泰山下东方建封土，埋玉牒书。

礼毕，武帝只带了具有赫赫战功并英年早逝的大司马霍去病唯一的儿子哀侯霍嬗一人随从，登上岱顶进行封禅，这次封祀礼仪秘而不宣。

第二天，汉武帝从岱岳北坡下山，在岱东的肃然山举行降禅结束

仪式。

典礼完毕，汉武帝在泰山东北选址建设明堂，接受群臣朝拜，颁布诏书，宣称封禅告成，大赦天下，改年号为元封。

公元前109年，汉武帝巡东莱，路过泰山。当时济南方士公玉带，献上相传黄帝时的明堂图，汉武帝令地方官员依照此图，建明堂于汶水之上。汉武帝前后共8次巡幸和封禅泰山。

汉光武帝刘秀是东汉开国皇帝。公元56年，他宣称夜读《河昌会符图》，见有“赤刘之九，会命岱宗”之句，认为这是天意指示他举行封禅，因为汉光武帝是汉高祖九世孙，于是下诏书东封泰山。

汉光武帝当年农历正月从洛阳出发，二月到泰山下。先在山下焚柴祭天，接着乘御辇至山顶，设坛行封禅礼，结束后挖坑埋玉，并发表封禅之文。

汉光武帝封禅礼毕，群臣高呼万岁。接着，又封禅于梁父山。封禅如意之后，汉光武帝命在泰山刻立碑石，记述自己“至于岱宗，柴望山川”的封禅盛况，并颂扬其开创光复汉室和重现太平之功业。

659年，大臣许敬宗上表奏请唐高宗李治封禅，皇后武则天悄悄称赞这是好事，于是得到了唐高宗的允准。武则天上表要求参加封禅中的祭地大典，她称：

> 封禅旧仪，祭皇地祇，太后昭配，而令公卿行事，礼有未安。至日，妾请帅内外命妇奠献。

唐高宗言听计从，下诏准奏。

665年，唐高宗李治和皇后武则天从洛阳出发，到泰山封禅。先到齐州，即后来的济南灵岩寺，之后到达泰山。

唐高宗命令先在山南建筑封祀坛，在山顶建登封坛，在社首山建立降禅坛。

666年，在封坛祭祀昊天上帝，第二天在岱顶登封坛发表封禅文告，并在岱麓社首举行封禅仪式。再由武则天主持祭地大典。

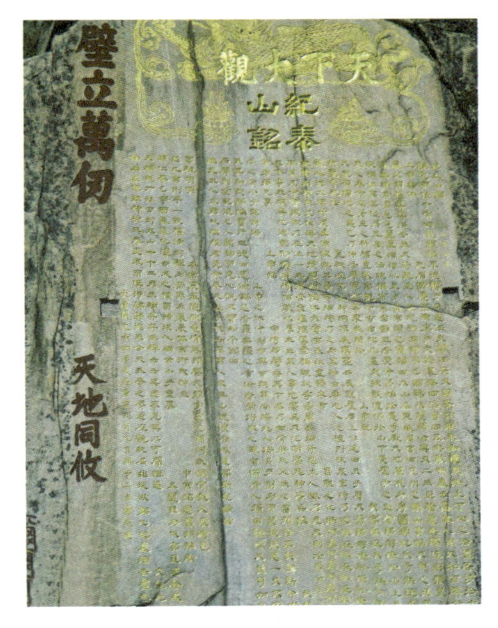

这是我国历史上第一次由皇后参与的封禅活动。武则天这一行动，其实为她以后正式登基铺垫了道路。

唐玄宗李隆基是唐代一位有为的皇帝。玄宗即位初年，他励精图治，国力强盛，于是，大臣张说等人先后上书，请求封禅以告成功。

唐玄宗允准，就于725年，从洛阳抵泰山，举行封禅大典。唐玄宗自南麓登上岱顶，筑坛以祀昊天上帝。结束后，挖坑埋玉，发表封禅之文。并以五色土把祭坛圈起来，将玉帛、牺牲等置于积柴上焚烧，以告上天。

第二天，在社首山举行封禅，并祭祀地神。封禅完后，下诏大赦天下，封泰山神为“天齐王”。

唐玄宗还御制《纪泰山铭》文，于第二年摩刻于岱顶大观峰。铭文宣扬唐朝历代帝王的功绩及其封禅泰山的经过。刻石铭文有：

道在观政，名非从欲；
铭心绝岩，播告群岳。

这里表露了唐玄宗的施政理念。碑文书法遒逸，文词雅训，为泰山名刻之一。

这次大典，还有一段传奇式的故事呢！传说那是在725年，唐朝处在鼎盛时期，玄宗为了宣扬他的国力，挑选各种颜色的马各1000匹，组织了浩浩荡荡的队伍来到泰山，举行封禅大典。

当时，玄宗率领封禅大军，从长安来到汶河之滨，刚过汶河，河水还非常平稳，水波不兴，可到了河中，霎时间却变得白浪滔天，远处尚有一条黑龙翻滚着。

玄宗心里一惊，当即手拿弓箭，向黑龙直射过去。黑龙立刻不见了，河面又恢复了原来的平静，玄宗开始渡汶河。

唐玄宗在河中遇见黑龙，不知是吉是凶，心里老犯嘀咕，便问封禅使张说。张说顺口答道："这黑龙是汶河之神，蛟龙起舞，迎接陛下，自然是吉祥如意。"

玄宗听后，心里乐滋滋的，也就不再言语了。

当玄宗来到中天门，已是中午时分，刚刚还是晴空万里，猛然间又狂风骤起，一时刮得天昏地暗，飞沙走石，裂幕折柱，玄宗心里不禁焦躁起来。

张说急忙上前安慰道："陛下不用着急。风从东来，是海神前来迎驾带起的风，一会就过去了。"

玄宗当即设置祭坛，对天祷告。不一会，果然风平树直了。

玄宗前行，来到南天门，只见山上云缭雾绕，缥缥缈缈，远处尚有金石丝竹的声音传来。张说忙恭维道：“陛下，你听，山神已奏起了迎宾的乐章。”

第二天，大典完毕之后，天上出现了一片五彩云霞，一群白鸽在云霞四周轻快地飞翔。官员们都前来向玄宗道喜，说这是瑞云呈祥，白鸽道喜，一时间玄宗竟飘飘然起来。

玄宗兴致大发，分外高兴，当即封泰山神为天齐王，随行人员也都加官进爵。玄宗还下令在大观峰下凿出巨大的摩崖石碑，以颂扬自己的功绩。

碑文《纪泰山铭》用隋唐风行的八分书体凿于石崖之上，字大一尺见方，其书浑厚苍劲，好像鸾凤翔舞于云烟之表，碑铭典雅，劲道婉润。整个石碑布局匀称，结构谨严，气势雄伟，不失为一处名胜。

《纪泰山铭》是1200多年前唐玄宗李隆基亲笔书写的铭文，记载了玄宗神奇的封禅故事和一段鲜为人知的皇家秘史，文词雅训，隶书遒逸，碑刻体伟幅巨，金光夺目，在泰山的石刻中最为瞩目，是十分

珍稀瑰丽的国宝。

后来，人们只要站在泰山极顶最开阔的空地上，仰望《纪泰山铭》刻石时，顿时会觉得自己十分渺小，巍峨磅礴之气扑面而来。

自秦统一以来，先后有12位皇帝亲登泰山封禅或祭祀，举行泰山封禅祭拜大典，而真正在泰山封禅的帝王有秦始皇、汉武帝、汉光武帝、唐高宗、唐玄宗、宋真宗6位。

此外，还有24代帝王派官祭祀72次，历朝还有各种级别参拜，使泰山实为国之首山。

知识点滴

传说当唐高宗李治决定泰山封禅后，皇后武则天提出要参加泰山封禅仪典。

在泰山封禅前，武则天写了一篇短文，她提出祭祀天地和祖宗，自然也要祭祀父母，但是，怎么可以用一般男性大臣来进行典礼呢？这个做法当时是违背世故人情与典章制度的，但经武则天一说，祭祀李治母亲长孙皇后的典礼，就只能由皇后武则天来主持了。武则天趁高宗在泰山封禅时，她亲率六宫内外的宫女，祭祀长孙皇后，以显示她尽孝道。

传说这次封禅所立的双束碑，就是应武则天制造，后来还能看到碑上有武则天的题记，还有她改制的文字。

道教在泰山的千古传承

泰山自古享有“神州”之称，有俗话说“济南府人全，泰安州神全”。在泰山，天界、地界、人界三界，各路神仙俱全。泰山道观遍布全山，炼师羽士不乏其人，善男信女寒暑不绝。

同时，泰山有许多古代神话，自然神、始祖神兼有。如泰山玄女、西王母、夷人祖神伏羲、不屈的战神蚩尤、风神飞廉与穷奇、神射手后羿等。

后来，又增加了道教神祇，以及众多民俗神。

道教宫殿有岱庙、王母池、斗母宫、关帝庙、碧霞祠、三官庙、老君堂、地主祠、阎罗祠等。所祀神仙有玉皇大帝、元始天尊、灵宝天尊、太清道德天尊、三清真人、太上老君、西王母、后土、地主、东华帝君等。

无论在时间上、空间上，泰山道教包容的范围都是深远广大的，这种天人合一的神谱结构，在中外名山中是绝无仅有的。

道教在泰山影响力较大的就是东岳大帝了，人们又称他泰山神。泰山神作为泰山的化身，是上天与人间沟通的神圣使者，是历代帝王受命于天、治理天下的保护神。

根据我国古老的阴阳五行学说，泰山位居东方，是太阳升起的地方，也是万物发祥之地，因此泰山神具有主生、主死的重要职能，并由此引申出几项具体职能：新旧相代，固国安民；延年益寿，长命成仙；福禄官职，贵贱高下；生死之期，鬼魂之统。

秦汉以来，泰山神的影响逐渐渗透社会各阶层，进入人们的日常生活中，于是泰山神作为阴阳交代、万物之始的神灵，在保国安民、太平长寿的基础上引申为可以召人魂魄、统摄鬼魂的冥间之主。

随着泰山神影响的扩大，其信仰向四周扩散开来，在全国各地几乎都建有规模不等的东岳庙，历代帝王对泰山神尊崇有加，反映了泰山东岳大帝在中国传统宗教中的地位以及对社会的影响。

每年的农历三月二十八是东岳泰山神的生日，各地的善男信女来此焚香祭拜，以示庆贺。

供奉泰山神的庙称为岱庙，是各地东岳庙的祖庙，是举行祭祀大典的地方。

岱庙坐落于泰山南麓，俗称东岳庙，它是泰山最大、最完整的古建筑群，为道教神府，也是我国历代帝王举行封禅大典和祭祀泰山神的地方。

岱庙创建于汉代，至唐时已是殿阁辉煌，城堞高筑，庙貌巍峨，宫阙重叠，气象万千。在宋真宗大举封禅时，又大加拓建，修建天贶殿等，更增其规模。

岱庙的建筑风格采用帝王宫城的式样，周围约1.5千米，庙内各类

古建筑有150余间。岱庙与北京故宫、山东曲阜三孔、承德避暑山庄并称我国四大古建筑群。

岱庙创建历史悠久，有“秦即作畤”“汉亦起宫”之载。725年，进行增修，1009年，再次进行大规模扩建。据《重修泰岳庙记碑》记载，有“殿、寝、堂、阖、门、亭、库、馆、楼、观、廊、庑813楹”。

到了金代部分建筑被毁，元时又有增修，1547年，庙内大部分建筑遭到焚毁，清代再次修缮。

遥参亭与岱庙之间是岱庙坊，又名玲珑坊，建于1672年，为四柱三间三楼式牌坊，高低错落，通体浮雕，造型雄伟，精工细琢，为清代石雕建筑的珍品。

坊顶是歇山式仿木结构，螭吻凌空，斗拱层叠，檐角飞翘，脊兽欲驰。正脊之中竖立着宝瓶，两侧有四大金刚拽引加固。中柱小额枋上透雕着二龙戏珠，龙门枋上浮雕着丹凤朝阳。

坊下奠立方形石座，座上均竖立双柱，柱下侧是滚墩石，石上前后有立雕蹲狮两对，雄者戏耍绣球，雌者嬉闹幼狮，姿态各异，生动可爱。

坊的梁、柱、额板及滚墩石上分别雕有铺首衔环、丹凤朝阳、二龙戏珠及群鹤闹莲、天马行空、神牛角斗、麒麟送宝等30多幅栩栩如生的祥兽瑞禽图。图案设计采用对称手法，构图和雕刻技术变化多端，具有强烈的艺术感染力。

坊的内柱阴阳面均有刻联。南面是当年的创建者山东提督布政使施天裔撰书：

峻极于天，赞化体元生万物；
帝出乎震，赫声濯灵镇东方。

意思是高峻的泰山与天齐，它辅助天地化生万物；主宰宇宙的泰山神，显赫的威灵震慑东方。

北面是山东巡抚兵部右侍郎赵祥星题联并书：

为众岳之统宗，万国是瞻巍巍乎德何可尚；
掺群灵之总摄，九州待命荡荡乎功孰与京。

大意是：泰山为五岳之宗，全国各地的人们都来瞻仰它的雄伟气概，它那化生万物的德泽恩惠谁能超过呢？泰山之神把持操纵着群神仙界，天下都听从其命，它那保佑苍生的功劳广大远博，谁能与之相比？双联精辟地概括了泰山的神威。

遥参亭又名草参亭，前临通天街，后与岱庙正阳门连通，为岱庙的前庭。历代帝王及王公大臣来泰山举行祭祀典礼，必定先在此举行简单参拜之后，才能进入岱庙举行正式大典。

在岱庙坊正面有高大宽阔的正阳门。正阳门始建于宋，后来损毁了，再后来按照宋代建筑风格进行了重新修建。正阳门里面，有两扇朱红大门，门上镶有81个铁制馒钉，有铺首，象征着岱庙的尊严，古时候只有帝王才能从此门进入。

正阳门高8.6米，上面的五凤楼高11米，共5间，为九脊单檐歇山顶，覆黄色琉璃瓦，24根四方明柱，檐下斗拱出三翘四，墨线大点金彩绘，额枋金龙飞舞，远远望去翘檐翼然，翩翩欲飞。正阳门两旁置有东、西掖门。

庙有八门。南向五门，即中为正阳，两侧为掖门；掖门两侧，东为仰高，西为见大。东门名东华，又称青阳；西门名西华，又称素景；北门名厚载，又称鲁瞻。

各门之上均有楼，前门称五凤楼，后门称望岳楼。

庙墙四角有角楼，按八卦各随其方而名：东北为艮，东南为巽，西北为乾，西南为坤。门楼、角楼都是黄瓦盖顶，点金彩绘，富丽堂

皇，高耸巍峨。还有巽、坤二楼，五彩斗拱，飞檐凌云。

天贶殿建于1009年。大殿建于长方形石台之上，三面雕栏围护，长48.7米，宽19.7米，高22.3米。重檐歇山，彩绘斗拱，画瓦盖顶，檐下8根大红明柱，规模宏大，辉煌壮丽，与北京故宫太和殿、曲阜的大成殿合称为“中国古代三大宫殿”。

天贶殿是岱庙的主体建筑，为东岳大帝的神宫。殿面阔9间，进深4间，通高22米，面积近970平方米。为重檐庑殿式，上覆黄琉璃瓦。重檐之间有竖匾，上书“宋天贶殿”。

殿内供奉着泰山神，即东岳大帝。

天贶殿内北、东和西三面墙壁上绘有巨幅《泰山神启跸回銮图》。描绘了泰山神出巡的浩荡壮观场面。画中人马，千姿百态，造型生动逼真，是我国道教壁画杰作之一，是泰山人文景观之一绝。

碧霞祠是道教著名女神碧霞元君的祖庭。在古老的神话传说中，泰山道教碧霞元君是我国历史上影响最大的女神之一，她在民间的影响已经超过了泰山主神的东岳大帝。

碧霞元君俗称泰山圣母、泰山娘娘、泰山奶奶，道经称“天仙玉女碧霞护世弘济真人”“天仙玉女保生真人宏德碧霞元君”。宋真宗皇帝赐号为“天仙玉女碧霞元君”。

有关泰山顶上碧霞祠所祀的碧霞元君，与泰山岱庙所祀的泰山神，有各种各样的说法，其中有一种说法可与大汶口出土文物相印证，颇有一些意思。

泰山南麓的大汶口镇，是考古工作者发现的一处极为重要的新石器时代的文化遗址，距今有5000至7000多年的历史，早期和中期是母系氏族社会，晚期进入父系氏族社会。

大汶口文化证明泰山地区，包括黄河下游，是中华民族的发祥地之一。

传说那还是在5000多年前，泰山上住着一个部落联盟，下属有若干个部落，每个部落又由若干个母系氏族公社组成。在泰山主峰定居的一个部落首领称作元君，就是后来人们供奉的泰山奶奶碧霞元君。

元君长得浓眉大眼高鼻梁，非常俊美，佩戴着花形玉翠串饰，手腕戴着彩陶质的手镯，头发上插着象牙梳，身穿漂亮的麻布衣，她见了人总是笑眯眯地露出一对洁白的门牙，门牙两旁一边一个豁儿，这是那时流行的最时髦最美观的拔除侧门齿的风俗。

元君很能干，她教给大家精工磨制出大批形体扁薄、棱角分明、钻着穿孔的石斧、石铲等生产工具，领导大家在山上放牧猪、羊、鹿、狗等动物，栽植栗子、核桃、柿子、大枣等山果，也到山下种植粮麻，生活很有保障，并逐渐有所剩余。

元君的丈夫名叫太父，就是后来人们供奉的泰山神。他是个红脸膛、高颧骨，身高八尺多的彪形大汉。他不仅在打猎的时候张弓射箭百发百中，而且常常背着兽皮、山果到其他部落换回大批粮食、鱼虾、陶器等，元君非常喜欢他。

有一次，太父到定居在山下汶水边的部落交换货物，不料惹出一场大乱子。这个部落首领是个男的，名叫田父，他们耕种的汶阳田，粮麻连年丰收，比较富强。

这里的制陶业也很发达，盛产三足和圈足器，器形种类有鼎、壶、罐、盆、杯、勺、瓶等，表面装饰锥刺纹、划纹、弦纹及几何形纹样，还有星、水、鸟、鱼等图案，技法非常精练，色调对比强烈而协调。

太父见了这些陶器爱不释手，一心想多换几件，在双方讨价还价争执中不慎摔破了几件，被汶水边部落的人围了起来，挑起武斗。哪知太父力大无穷，三拳两脚便把众人打倒在地，迅速跑回了泰山。

田父也很能干，既会种田、制陶，也会打仗，他立即率领人马进攻泰山，元君率众迎战。恰巧元君身怀有孕，体力不支，不到几个回合就败下阵来，猪羊山果被抢劫一空。

那时当部落首领的人，必须能够直接指挥生产和战争，打仗只许将对将、兵对兵，不能带兵拼杀的人没有资格当首领，于是元君就辞了职，公推太父当了首领。太父领导部落很快就把田父打败了。

元君提出，抓到的俘虏不要杀了，叫他们当奴隶，于是泰山部落很快就富强起来。

后来，人们为了纪念这两位祖先的功德，特奉为碧霞元君与泰山神。

在神话传说里，碧霞元君是远古部落首领黄帝派遣的玉女。后来宋代学士李谔的文章《瑶池记》记载:

> 黄帝尝建岱岳观，遣女七，云冠羽衣，焚修以近西昆真人。玉女盖七女之一，其修而得道者。

传说殷商的祖先简狄就是碧霞元君。我国最早的诗歌总集《诗经》称“天命玄鸟，降而生商”。传说远古时代华夏民族的共主有娀氏之女简狄吞玄鸟卵而怀孕，生下契并建立了商朝。

后来有人推断我国神话传说的最古老奇书《山海经》中的“昆仑墟”就是泰山，所说的怪物鬼神便是泰山周围的原始部落图腾氏族，后来逐渐建立了商王朝。商朝“相土之东都”就在泰山之前，后来满庄一带尚有其遗址。

山东志书有碧霞元君是原始部落首领传说的记载。碧霞元君是泰山精神的象征，被人们亲切地称为“泰山奶奶”。

据道教说法，碧霞元君受玉帝之命，统率泰山岳府的天降神兵，监察人间一切善恶生死之事。而且她神通广大，治病救人，护佑一切农耕、商贾、旅行和婚姻等事。

碧霞元君的女侍塑像中，有一个抱有婴儿的女子，这就是表现碧霞元君护佑妇女儿童健康平安的。传说碧霞元君能让妇女无孕怀孕，有孕顺产，这样民间就把泰山奶奶当成送子娘娘了。

泰山奶奶不仅仅是道教之神，还是代表中华民族精神的伟大女

神，是伟大的正义之神和中华民族的保护神，也是我国宗教史上唯一的一位爱国女神。她还是一位可亲可敬、有求必应、随时都会为中华民族造福的大慈大悲的女神。

碧霞祠为泰山最大的高山古建筑群，保留了明代的规模及明代的铜铸构件，建筑风格多为清代中晚期的风格。

整组建筑巍峨严整，气势恢宏，远处眺望，白云缭绕，金碧辉煌，宛若天上宫阙。

祠以山门为界，为二进院落，分内外两院，以照壁、金藏库、南神门、大山门、香亭、大殿为中轴线，两侧为东西神门、钟鼓楼、东西御碑亭和配殿。左右对称，南低北高，层层递进，高低起伏，参差错落，布局严谨，显示了我国古代高超的建筑水平，在道教宫观中极有代表性。

外院有歌舞楼、东西两神门阁、左右有钟鼓楼等。歌舞楼下有一火池，人称“宝藏库”，是香客焚表进香的地方。

碧霞祠的主体建筑碧霞元君殿，面宽五楹，重檐八角，殿顶由360垄铜瓦组成，以象“周天之数”，雕梁画栋，气度不凡。殿内悬有清代雍正、乾隆皇帝分别御书的“福绥海宇”“赞化东皇”巨匾。

大殿内雕梁画栋，晴天朗日下，金光璀璨，蔚为壮观。殿内正中神龛内的碧霞元君贴金铜坐像，凤冠霞帔，慈颜安详端庄。

殿的东西各建配殿3间，铁瓦盖顶，分别奉送子娘娘与眼光娘娘铜质铸像。碧霞元君是泰山主奉的女神，每年前往泰山朝拜碧霞元君的善男信女络绎不绝，香火旺盛，为全国道教重点宫观之一，是一组高山建筑中的杰作。

山门内供奉青龙、白虎、赵公明、刘挺4尊铜质铸像。院内东西两侧各立清代乾隆皇帝御碑一通，上建御碑亭。院中置香亭，亭的左前方立有《泰山天仙阁金阙》铜碑一通。右前方立有明朝天启五年（1625）泰山灵佑宫铜碑一通。两碑高达5米，与大殿铜顶上下相映，宏伟壮观。

到了金代时候，道士王重阳创立全真道，他的大弟子邱处机在泰山布道，赐号“无为渲道大宗师”，别号“长春真人”，他的女弟子訾守慎在泰安城西北隅住持长春观，元帝赐号“秒真”。

相传在元朝时候，泰安埠上有个叫张志纯的人，他6岁能诵五经，12岁入泰安城“会真宫”学道，数载道行超群，号“天倪子”。

其间他任东岳庙住持时，曾创建了泰山南天门，重修了嵩里山神祠。他后来羽化时年龄120岁，临亡时他自道：

脱下娘生皮袋，此际乐然轻快。
百尺竿头进步，蓬元洞府去来。
前世宿德医僧，今作道门小才。

元代文学家元好问和徐世隆均有《送天倪子归埠山诗》。后来，浙江宁海女道士孙清净，在泰山岱顶鹰愁涧北侧的“清净石屋”修道。

1370年，随着封禅制的嬗变，朝廷取消了岱庙主祀神“天齐仁圣帝”封号，改称“东岳泰山之神”。随后，祭祀泰山神和碧霞元君的活动普及到了民间。

清代戏曲家韩锡在《元君记》中称：

统古今天下神祇，首东岳，东岳祀事之盛，首碧霞元君。自京师以南，淮河以北，男、妇日千万人，奉牲牢香币，喃喃泥首阶下。

在明清时期，朝廷对宗教采取严格管理政策，中央设道录司，府设道纪司，州设道正司，县设道会司，以管理道教的发展。府县司署分设在岱庙和碧霞祠，岱庙住持由朝廷任免。

到了清代以后，道家仍在泰山洞穴或危崖茅棚等处留有踪迹，所以道教在泰山历代不息，神宇遍布。直到后来，保留完好的道教祠庙尚有20余处，共有道人40多名，在泰山上下庙宇活动，广泛地传播道教文化。

知识点滴

传说姜子牙辅佐周武王建立周朝后，他封尽了名山大川和风水宝地，唯独留下泰山分给自己。不料走漏了风声，武王的宠妃黄妃和护驾大将黄飞虎相继找到姜子牙非要泰山不可。

姜子牙到底给谁呢？于是，就对他们说：谁先登上泰山，就是谁的。比赛日期一到，黄飞虎便骑上他的玉麒麟，从京都直奔泰山。黄妃使神法，将自己一只鞋子放在泰山顶，才向泰山赶来。

赶到南天门的黄飞虎见妹妹姗姗来迟便说：泰山归我了。

黄妃一脸怒气说：岂有此理，我已早到了，只是见你来迟放心不下，才回去迎你，有我的绣花鞋为证。

兄妹争执不下，黄妃怕姜子牙不好对付，便主动妥协说：我住山上，你住山下，咱们共管泰山。

于是，黄飞虎就在山下做了泰山神，黄妃就在山上做了碧霞元君。

佛教传到泰山与兴盛史

公元67年，佛教传入我国内地。公元56年，东汉光武帝刘秀东封泰山。公元85年和124年，汉章帝刘炟、汉安帝刘祜分别祭祀泰山，将佛教传播到了泰山，于是泰山开始有了佛教。

传说那是在公元63年，人们发现了泰山佛光，这个时候正是佛教传入我国的最初阶段。

佛经中说，佛光是释迦牟尼眉宇间放射出来的光芒，看上去是一个七彩光环，人影在光环正中，影随人动，变幻之奇，出人意料。佛家认为，佛光是救世之光，吉祥之光，只有与佛有缘的人，才能看到佛光。

相传最早在泰山传播佛教的是高僧朗公。351年，正是东晋初年，高僧朗公在泰山东北昆瑞山麓创建了泰山地区的第一个佛寺，就是朗公寺。

不幸的是该寺至北魏、北周时尽毁，隋唐重加修建，隋文帝因为得神通感应，而在583年，改名为神通寺。

到了金末已荒废不堪，元代由道兴禅师主持重建，后遭兵火被毁，明代重修。到了清朝，寺院逐渐衰败，成为废墟。

神通寺古时系临济道场，著名方丈有法瓒禅师。现存建筑有四门塔、龙虎塔、唐基台与墓塔林，大部分为隋唐所建。

神通寺是山东佛教的大本营。虽然千年的风雨斑驳了寺院的辉煌壮丽，但仍遗存了古塔旧碑、摩崖造像等，依然焕发着熠熠光彩，成

为人们流连忘返的游览胜地。

在神通寺有着“滴水之恩，当涌泉相报”的传说：那还是明朝时期，一位官员因年事已高，且又不肯与当权者合流，遂愤然出家，在神通寺挂单做了和尚。

其女为了照顾老父，也毅然随父剃度，在神通寺相邻的涌泉庵出家做了尼姑，并一边修行，一边照顾老父。

因囿于当时的种种限制，孝女给老父拆洗的衣物不能亲自送到寺庙里边，只好在寺庵交界处修造了一座石塔，定期把拆洗或缝补好的衣物寄存在塔内，由老父的弟子们取走。

同样，如老父有脏的或破了的衣物，也送至塔内，由孝女取走去浆洗缝补，直至老父圆寂归天。此后，该孝女仍长期定居于涌泉庵，并成为一代住持，她就是法号为“明喜”的庵主。

神通寺在大众口碑之中，其实还有一个更加响亮的名字：四门塔。四门塔是神通寺遗址上的一座佛教建筑，和四门塔时代相近的还有3座古塔，分别是龙虎塔、皇姑塔和九顶塔。

佛教在泰山历经魏晋南北朝近500年，寺院渐多，古迹遍布，随后创建了灵岩寺、普照寺及谷山玉泉寺等寺庙。

灵岩寺位于泰山西北，始建于东晋，于北魏孝明帝正兴元年开始

重建，至唐代达到鼎盛，有辟支塔、千佛殿等景观。

灵岩寺佛教底蕴丰厚，自唐代起就与浙江天台国清寺，湖北江陵玉泉寺，南京栖霞寺并称天下“四大名刹”。唐玄奘曾住在寺内翻译经文，唐高宗以来的历代皇帝到泰山封禅，也多到寺内参拜。

驻足灵岩胜景，这里不仅有高耸入云的辟支塔，传说奇特的铁袈裟，还有隋唐时期的般舟殿，寺内有北魏石窟造像，唐代的宇寺塔，宋代的彩色泥塑罗汉像。更有“镜池春晓”“方山积翠”“明孔晴雪”等自然奇观。

明代文学家王世贞说：

灵岩是泰山背最幽绝处，游泰山不至灵岩不成游也。

在泰山经石峪和徂徕山的映佛岩，刻有举世闻名的《金刚经》《大般若经》《般若波罗蜜经》等经典梵文。

经石峪摩崖《金刚经》书体在楷、隶之间，偶尔杂有一点篆意，古拙朴茂，静谧安详，为历代书家所推崇。

由于佛教的传播，佛经的翻译与研究日渐发展，使佛教到了隋、唐进入了鼎盛时期，泰山相继创建了藏佛寺、资福寺、法华寺、竹林寺、无封寺等禅院。

早在595年，隋文帝杨坚东巡泰山时，召见泰山名僧法瓒，敕命前往京师住持胜光寺。后来，唐朝大臣、史学家李吉甫称灵岩寺为泰山佛教活动中心。

在此期间，泰山石窟造像活动达到了高峰。岱阴的玉函山及龙洞绝壁上都有隋代造像。灵岩寺方山的证明龛内有唐代释迦牟尼坐像。岱阴的神通寺千佛崖，有大小唐代造像220尊，丰满健美，慈祥和蔼。

尤为明显的是灵岩寺南端的石窟内，有唐太宗的三女、高宗的姐姐南平公主为亡父所造的“祈福”之像，面如满月，眉目含笑。

因宋真宗封泰山后，道教十分兴盛，佛教在宋朝处于低潮。在宋代以后，佛教某些基本教义为儒家所吸收，这时泰山道教融入了儒学与佛教的基本内涵。

1428年，高丽僧人满空禅师登泰山、访古刹，在泰山20余年，重建竹林寺，复兴普照寺，四方受法者千余人。明朝正德十六年，也就是1521年，《重开山记碑》记录了此事。

泰山普照寺位于岱麓凌汉峰下，秀峰环抱，翠柏掩映，亭殿楼阁，气象峥嵘。清代有人赞道：

门前几曲流水，寺后千寻碧峰。
鸟语溪声断续，山光云影玲珑。

普照寺取“佛光普照”的意境，传为六朝时所建，后来历代皆有拓修。寺院以大雄宝殿、摩松楼为中轴，形成了三进式院落。

两侧配以殿庑、禅房和花园等。

据清代曾任泰安府吏的聂剑光所著的《泰山道里记》所载，普照寺为唐宋时古刹。1165年，奉敕重修，题为“普照禅林”，有敕牒石刻殿壁。

清康熙年间，诗僧元玉驻锡普照寺，普照寺的影响越来越大。

元玉又建了石堂，并于释迦牟尼佛诞生之日，依照古代佛制建坛传戒。清道光年间，修建了佛阁，又名为摩松楼。1880年，重修正殿和东西配殿，后来多次修缮。

普照寺属禅宗临济派，是华北著名丛林。这座寺庙为四进院落，以双重山门、大雄宝殿、摩松楼为中轴线，左右配以殿庑、寮房、花园等，面积6150平方米，形成了一个完整的建筑群。

一进山门面阔3间，门楼式建筑，门前左右置石狮一对。进门为一院，钟鼓二楼分列东西，钟楼内置石柱钟架。1817年，铸有莲瓣口形铁钟。

二进山门为二院，门内两山墙各开发券拱门。西拱门外有元代经幢一尊，记录了僧人法海于元贞年间，重修普照寺的情况。

沿阶而上为三院，中为大雄宝殿，五脊硬山顶3开间，前后廊式，端庄雄伟，内供释迦牟尼鎏金趺坐铜像。东西配殿各3间，院内两棵银

杏树双挺，油松对生。并有清道光年间，住持僧人明睿及弟子所造双檐盖罩铁香炉一尊。大殿东西侧有垂花门通的后院。

后院为菊林院，有松一棵，冠大如棚，袅袅婷婷。清代光绪年间何焕章游山到这里，题“一品大夫”。后院正房与摩松楼相接，额题“菊林旧隐”，曾为康熙初年元玉僧居所。楹联为：

松曰好青，竹曰好绿；
天吾一砖，地吾一瓦。

菊林院有著名的“六朝松”，古松粗达数抱，枝密盘曲四伸，树冠如盖。这里有摩松楼，可摩顶观松。松下有“筛月亭”，取“古松筛月”之意。

亭居高台，方形，四檐飞翘，四柱均有楹联。亭下有方形石桌，敲击四角和中央，发出清脆如磬的5种声音，因而取名为“五音石”。筛月亭楹联是：

曲径云深宜种竹；
空亭月朗正当楼。

中轴线东边，有禅院和石堂院。清代住持僧人元玉是位颇有成就的诗僧，别号“石堂老人”，著有《石堂文集》，他当时遍植菊花，号称“菊圃”。寺东南还有他的墓塔遗址。

佛教在泰山的痕迹很广，寺庙遍布，供奉着释迦牟尼、弥勒、药师、观音、文殊、普贤、韦驮、罗汉等。

知识点滴

普照寺有“一品大夫”松，原名“师弟松”，是清代寺僧理修入寺时与师父共同栽植的。当时，寺院清静，游人稀少，理修天天以松为伴，在树下习文读经，天长日久，便对松树产生了依恋之情。

有一天，他坐在树下吟道：“僧栽松，松荫僧，你我相度如同生，松也僧，僧也松，依佛门，论弟兄。”这首诗吟成以后，理修马上把此诗告知师父，师父听后，不禁拍手叫绝，遂把松树取名为“师弟松”。

1896年，楚仕何焕章游至普照寺，为寺里的景色所折服，赞叹不已。当时，寺里的住持和尚庆山师父陪他到西院，听到赞誉，自然欣喜无限，便邀何焕章题字，何焕章见此松袅袅婷婷，树冠如棚，状如华盖，便提笔疾书“一品大夫”4字，刻于石上。

源远流长的泰山儒学

泰山与儒学结缘，肇始于春秋时期的孔子。儒学的创始人孔子，曾多次登临泰山，留下了“孔子登临处”“望吴圣迹”和孔子庙等遗址。

孔子，名丘，字仲尼，春秋时期鲁国昌平乡陬邑人，就是今山东的曲阜，是我国古代著名的政治家、思想家、教育家和文学家，被后人尊为“圣人”。

春秋初期，孔子登临泰山，抒怀畅志，开阔胸襟；考察封禅，学习礼仪；了解民

情，观知时政。他的活动内容十分丰富，留下了很多历史遗迹。

古代《泰山志》记载：“泰山胜迹，孔子称首。”这不仅拓展了泰山文化的内涵，也使儒家思想文化借泰山之力得到了发扬光大。

孔子开创了泰山儒学的先河。由于他的特殊地位和影响，使后人竞相效仿，接踵而至。“登泰山而小天下”，成为历代名儒、文人雅士不可或缺的生活内容，沿袭成为积淀深厚的文化心理，蔓延成为流传久远的儒学风气，演变成为我国传统文化中的一大景观。

孔子在泰山一带有较多活动，那时的泰山是齐鲁两国的交界之地。孔子一生尽管颠沛流离，但大部分时间还是在鲁国度过的，这为他在泰山一带的活动提供了充分的条件。

孔子曾登泰山，考察封禅制度。历代帝王在改朝换代并致太平以后，也都要封禅泰山，以示受命于天，四海率从。

战国时各学派言论汇编集《管子·封禅篇》中有记载：

古者封泰山禅梁父者七十二家。

这种隆重庄严的封禅大典，有一套专门的神圣而严格的仪式，这对十分重视礼乐制度的孔子有极大的吸引力。

孔子一生以西周初期杰出思想家周公为榜样，他以恢复周朝政治和礼乐制度为己任，准备随时辅弼国君实现这一主张。那么，封禅大典是他必须掌握的重要国礼。

公元前150年，西汉文帝时为博士的韩婴所著《韩诗外传》记载：

孔子升泰山，观易隆而王可得而数者七十余人。

孔子到泰山多次实地考察，反复对照，发现历代封禅的具体仪式差异很大，为他掌握封禅礼仪提供了丰富的材料。当时的封禅与祭山活动都要由国君举行，诸侯以下举办是不合礼节的。

据由孔子弟子及其再传弟子编撰的儒家经典著作之一《论语》记载，鲁国掌权的大夫季孙氏要祭泰山，孔子急忙去向在季氏当管家的学生冉有说："能不能阻止季孙氏去泰山举行祭祀呢？"

冉有回答："不能！"

孔子讥笑说："难道泰山也不懂礼仪，接受这不合规矩的祭祀吗？"

孔子游泰山，他观览名胜，开阔眼界，以增强他的道德文化素养。泰山上下有不少孔子游览遗迹，其中有瞻鲁台、虎山等。瞻鲁台在岱顶南侧，是孔子登山眺望鲁国的地方。

战国时期著名思想家孟子的言论汇编集《孟子·尽心上》记载：

孔子登东山而小鲁，登泰山而小天下。故游于海者难为水，游于圣人之门难与言。

这就是说，知识境界要不断递进，才能有更高的道德修养。这里曾有“孔子小天下处”的刻石，以志纪念。

虎山在泰山南麓王母池东侧。汉朝学者戴德编辑的儒家经典《礼记·檀弓》记载：“孔子过泰山侧，有妇人哭于墓者而哀”而慨叹“苛政猛于虎”。不过此处地势开阔，山峦疏旷，似非虎狼出没的地方，虎山之称或系后人附会。

后来清朝乾隆皇帝在这里立“乾隆射虎处”石碑，声称曾在这里亲射猛虎，不少人信为史实，其实是附庸风雅，借题发挥，要革除“苛政”的意思罢了。

孔子在泰山一带从事政治活动，其中最著名的就是在泰山东侧莱芜境内举行的峡谷之会。司马迁撰写的《史记·孔子世家》有记载。

那是公元前500年，孔子任鲁国司寇，开始以自己的政治主张治理国家，并使鲁国逐渐强大起来，这使齐国十分不安。为了制伏鲁国，齐景公采纳大夫黎且等人的建议，邀请鲁定公在峡谷聚会，想趁机以武力使鲁国屈服。

鲁定公答应赴会，孔子按照“有文章者必有武备”的方针，调集军队随从。齐国随景公赴会的是著名政治家晏婴。

会见开始后，齐国请演奏

地方歌舞，于是“令旄羽矛戟剑拔鼓噪而至”，意在威胁鲁定公。

情况紧急，孔子不顾常礼，一步迈上台阶，扬起衣袖厉声喝道：“我们两国国君正在庄严地会见，为什么会有这种野蛮的歌舞呢？”

景公觉得很不好意思，示意退下。过了一会儿，齐国要求演奏宫廷雅乐，于是有“优倡侏儒为戏而前”，以此侮辱定公。

孔子又迈上台阶大声说：“戏弄诸侯者要依法斩首，执法官应该立即执行！”

由于孔子态度严正，掌握礼节严密合度，军事上又有充分准备，使齐景公感到鲁定公不是可以轻易挟持的，便匆匆走了。

为了纪念儒教鼻祖，泰山上下建有孔子庙两处：一处在泰安城岱庙东南，始建于宋代；一处在岱顶天街东首，碧霞祠西侧，始建于明嘉靖年间。

庙中除供奉孔子外，还供祀有孔子四大传人颜回、曾子、孟子、子思，是为“四配”，另还有“十二贤人”列祀。

这对儒学在泰山的发展产生了很大影响。后来清代泰安知县徐宗干题联道：

仰之弥高，钻之弥坚，可以语上也；
出乎其类，拔乎其萃，宜若登天然。

“孔子登临处”牌坊在红门宫前，1560年由山东都察御史朱安等人建。坊上镌联：

素王独步传千古；
圣主遥临庆万年。

不过，在汉代以前，登山是走泰山东路，入山须走大津口乡，明人在此建坊是以儒家文化晓谕游人，代圣人立言，扩大孔子在泰山的影响。

“泰山岩岩，鲁邦所瞻”，这是孔子晚年编定的《诗经》中对泰山的赞叹。泰山对孔子的影响是巨大的：学习礼乐，由此得窥封禅大典全貌；登泰山而小天下，以开阔的眼界胸襟审度自己德才学识的修养。孔子在临终时，唱出了“泰山其颓乎！梁木其坏乎！哲人其萎乎”的最后歌声，他把自己的生死与泰山联系在一起，足见泰山在孔子心目中不同寻常的地位。

孔子所发出的“登泰山而小天下”的由衷感慨，对后世产生了巨大影响和示范作用。孔子在泰山的影响是深远的，后人把孔子与泰山紧密联系在一起，誉为“孔子圣中之泰山，泰山岳中之孔子”，这一见解，是相当深刻的。

汉代后期，泰山的儒学发展进入新的时期，特别是泰山的儒学之士伏生和高堂生以及伏生女儿羲娥，对儒学传播做出了突出贡献。

到了宋代，泰山是儒学的复兴地。后来明末思想家黄宗义在儒学文集《宋元学案》一书，称泰山学派中的诸人，率先提出了以“仁义礼乐”为先学的主张，称他们对儒家经典进行了精湛阐发，开了宋代之先河。

泰山学派的代表人物是人称“宋初三先生”的孙复、石介、胡瑗3位学者。

1035年，石介在京东路奉符，创建泰山书院，并敦请孙复主持书院教学。书院住持和受业门人及支持赞助者组成的学术团体，就被称为泰山学派。泰山学派作为一个学术团体以其鲜明的时代特征在宋代儒学复兴中占据重要的地位。

泰山书院历经宋、元、明、清朝代变迁，千年学府，弦歌不绝。书院既以传授知识为目的，也以陶冶情操、培养品德为归依。

泰山书院分左右两进，建筑亦呈现出一种精细厚实的风格。这里的每一块奇石、每一块匾……都值得细细品味、慢慢咀嚼。

泰山三先生之首孙复，字明复，以治《春秋》名世，著《春秋尊王发微》。宋代文学家欧阳修在《孙明复先生墓志铭》中说：

先生治《春秋》，不惑传注，不为曲说以乱经，其言简易，得于经之本义为多。

南宋著名目录学家、藏书家晁公武评价泰山名人孙明复在《春秋尊王发微》时说："不取传注，其言简而义详。"

南宋藏书家、目录学家陈振孙也称赞孙明复说："不惑传注，不为曲说，真切简易。"

泰山学派的核心人物石介对经学也很有研究。他认为自韩愈死后数百年，异端肆行，邪说蔓延，各家注疏严重背离了先儒经典，不足为解经的凭据。

泰山学派对汉唐注疏的认识，推动了宋代疑经改经学风的形成，逐渐使汉唐注疏之学转向义理之学。

泰山学派推崇孟子。孟子在宋以前的地位并不高，《孟子》一书并未入经，只能归入“子部”，直到南宋陈振孙的《直斋书录解题》才把《孟子》正式列入“经部”。唐以前，孟子在人们心目中并不能与孔子并提，人们所称的“孔孟之道”是后来的事。

在孟子地位的提升过程中，泰山学派发挥了巨大作用。孙明复在《春秋尊王发微》中，把孟子看作“道统”链条中继孔子之后的首要环节。他说：

> 孔子既没，千古之下，攘邪怪之说，夷奇险之行，夹辅我圣人之道者多矣。而孟子为之首，故其功钜。

孙明复的弟子石介，把孟子抬得更高。石介倡导“道统”，把孟子看作自孔子之后“道”的承继者。他认为，尧、舜、禹、汤、文

王、周公、孔子之道，是一个有机的整体，孔子之后，“道”的发展出现断裂，至孟子，始又发扬光大。

石介在当时政界及学术界都颇具影响，以其为核心的泰山学派的尊孟言行直接影响到当时的学术取向。在泰山学派努力推动下，孟子的思想被越来越多的人认识到，孟子的地位也随之越来越高。

宋神宗元丰年间，学统四起，学派纷出，洛学、关学、新学各派都尊崇孟子，《孟子》一书也由“子”入“经”。

至南宋时，著名理学家朱熹将《论语》《孟子》与《礼记》中的《大学》《中庸》合编为《四书》，作《四书章句集注》。自此，孟子与孔子得以相提并论，人们遂把孟子的学说与孔子的思想合称为“孔孟之道”。

泰山学派极力排斥佛、道，捍卫儒学的正统地位。佛教传入我国之际，正值两汉经学呈各守门户、故步自封、因循守旧之态，因此没

有力量抵抗佛教的冲击。

汉魏以后，佛、道势力的膨胀，严重冲击儒学的地位，也冲击了封建纲常秩序，以儒家正统思想自居的泰山学派，在这种情况下开始了他们的排佛、斗老。

孙明复针对佛、老盛行的社会现实，极力倡导“道统”，意在复兴儒学。他在泰山讲学时的居所称“信道堂”，表示要尽自己最大努力去捍卫孔子之道。面对佛、道对儒学的冲击，孙明复奋起而作《儒辱》，号召人们对佛、道鸣鼓而攻之，在当时产生了很大影响。

石介在排佛、斗老方面更为激进，写有《怪说》《中国论》《辨惑》《读原道》《尊韩》等文章，抨击佛、道，捍卫儒学。

泰山学派与理学的形成也很有关系。理学是宋学的主流，其形成是儒学复兴的标志。人们在追溯理学思想渊源时，无不肯定胡瑗、孙复、石介“泰山三先生”的开山作用。

宋代浙东提举常平黄震在著作《宋元学案·泰山学案》中说：

宋兴八十年，安定胡先生、泰山孙先生、徂徕石先生始以师道明正学，继而濂、洛兴矣。故本朝理学虽至伊洛而精，实自三先生始，晦庵有“伊川不敢忘三先生”之语。

强调“三先生”在理学中的开创之功，实际上是肯定了泰山学派在理学形成中的地位和作用。

宋代有志于复兴儒学的知识分子，鉴于晚唐五代以来佛道之学凌驾于儒学之上的社会状况，为重建文化秩序和社会秩序奔走呼号。他们一反汉唐注疏之学的死板和僵化，力倡恢复先秦儒家的干政职能，讲学授徒，对改变视教育为利禄之途的教育体制发挥了重大作用。

孙复、石介等人创建的泰山书院，在这方面尤为突出。胡瑗、

孙复、石介等崛起于泰山，他们努力探索弘扬光大儒学的途径，认为要理解经旨，必须从探求义理入手，不拘前人之学，用自己头脑去思考，强调探求儒家经典的宏旨大义，即人们常说的“理”或“理达”。泰山学派躬身力行的实践和探索，实际上是开“义理之学”的先河。

明清儒学进入没落期，但是，明末学者宋焘在泰山青岩居讲学，后来泰安人将其与孙复、石介、胡瑗以及清代康熙年间的泰山学者赵国麟，一同祭祀，称为“泰山五贤”，后来泰山仍有“五贤祠”的遗址。

泰山是三教合一的文化代表，儒、释、道三教，都在起源阶段与泰山结下了不解之缘，在泰山经历了兴起、繁盛、衰落的全过程。

知识点滴

传说孔子30多岁时，离开鲁国到齐国去，登上过泰山。有一次，孔子和学生颜回一起登上泰山。孔子往东南方向一看，看到了苏州城下的阊门，还看到了阊门下有一匹白马。

孔子就问颜回：“看到阊门了吗？”

颜回说：“看到了。”

孔子又问：“看到阊门下面有什么吗？”

颜回看不清楚，觉得是一团白绸。

孔子纠正他，说是一匹白马。两个人下山以后不久，颜回的身体发生了很大改变，头发变白了，牙齿都掉了下来，衰老得极其厉害。可见孔子的话对颜回刺激很大。

西岳华山

华山位于陕西省西安市以东120千米的华阴境内，是我国著名的五岳之一，古称“西岳”，海拔最高约2千米，高度居五岳之首。

华山以险著称，悬崖绝壁，壁立千仞，素有“奇险天下第一山”之称。它南接秦岭，北瞰黄渭，扼守着大西北进出中原的门户。“势飞白云外，影倒黄河里”，可谓独具特色。

华山是道教圣地，为道教“第四洞天”，虎踞龙盘，气象森森，山上气候多变，形成“云华山”“雨华山”“雾华山”等美景，具有仙境般的美感。

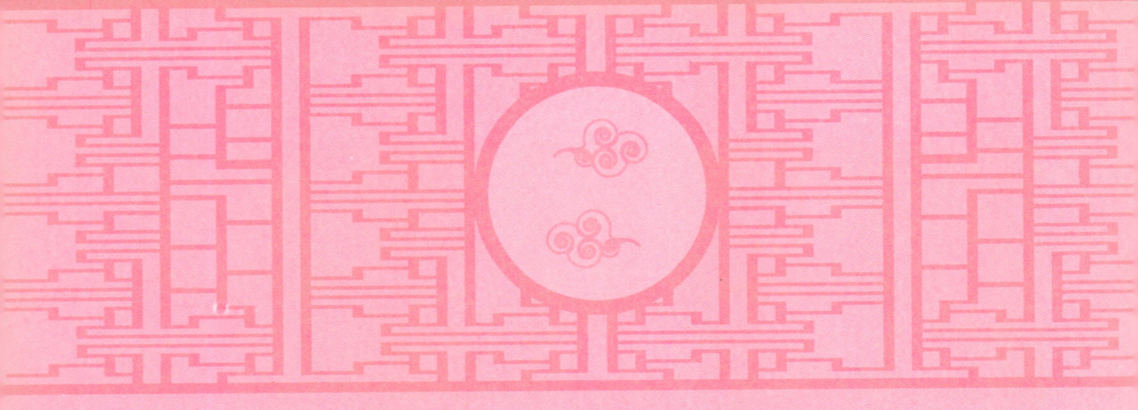

西岳华山的历史沿革

在很久以前，首阳山和10条山峦连在一起，为一条山脉。大自然的恩赐与厚爱，使这里气候温润，山下良田无际，芳草萋萋，炊烟袅袅。山上郁郁苍苍，桃花夭夭，白云缭绕。

山下有华夏民族的祖先，就在这块土地上繁衍生息。他们日出而

作，日落而息，过着祥和安宁的日子。然而，一场意想不到的灾难发生了。

传说在天庭王母娘娘的蟠桃宴会上，老寿星太上老君因孙大圣一句玩笑的话，笑得手一抖，倾倒了半盏玉浆，酿成了人间洪水泛滥的灾祸。霎时间，一条大河自西向东而来，河水奔腾怒吼，横冲直撞。

由于首阳山的阻拦，河水不能直泻东海，山脚下顿时成了一片汪洋大海。大地一下子变成了水乡泽国，很快淹没了良田和村庄。

主宰西土十二万里天地的白帝少昊，看到人们流离失所、叫苦不迭的悲惨景象便心急如焚，他立即请求玉帝，派人治水。玉帝认为，唯有力大无穷的巨灵神可担此重任。

巨灵神名叫秦洪海，生得头如笆斗，眼似铜铃，毛发直竖，腰阔十围，貌似笨拙，行如猿猱。巨灵神自领了玉帝旨命，就踏上首阳峰头，居高临下，察看地形，为的是给洪水找一条合适的出路。

经过细心观察，巨灵神发现在首阳山和其他山峦之间有一条窄狭的峪道，于是他走进峪道，用手推着山峦的石壁，右脚蹬着首阳山的山根，使尽全身力气，大吼一声。只见迅雷劈空，电光闪耀，一声巨响，两山开裂，百丈高一般的黄浪汹涌澎湃从两山之间奔腾东流。

可是由于用力过猛，好端端的最高的山峰也被他掰裂，一高一低，成了两半。

于是，高一些的就形成了后来的华山，又叫太华山，低一些的就形成了后来的少华山。

巨灵神站在波涛中，抬头看山峦，已被推进秦岭深处。他回望首阳山，已经藏在波涛的北边，看着被淹没的田地又重新露出水面，他欣慰地笑了起来。

巨灵神长舒一口气，驾彩云向西而去，给人间留下了一幅神奇无比的胜景。后来大诗人李白有“巨灵咆哮劈两山，洪波喷流射东海”的诗句，讲的就是这个故事。

登华山，站在苍龙岭上，东望著名景观“仙人仰卧”，就是开山导河后，仰卧入睡化为山峰的巨灵神。西峰的屈岭南端，有巨灵神观察地形时留下的足迹。首阳山根有巨灵神开山时的脚印，东峰崖壁上有五指分明的巨灵仙掌。

华山名字的来源说法很多，被称作“华山”最早出现在先秦古籍《山海经》和我国最早的史书《尚书·禹贡》中。也就是说，在公元前3世纪以前就有这个山名了。

人类从游牧生活改变成定居的农耕生活，可能是居民点定名引起附近山川的定名。华山地区是中华民族最早活动的地方，所以华山得名是比较早的。

有人说，华山的得名，同华山山峰像一朵莲花是分不开的。古时候“华”与“花”通用，正如北魏地理学家郦道元在其《水经·渭水注》中所记载：

其高五千仞，削成而四方，远而望之，又若华状。西南有小华山……

所以称之为华山。也有人说，华山起名源于山顶的莲花池。后来，清代擅长写山水游记之类散文的朱耀南在他《华山记》中记载：

山顶池中，生千叶莲，
服之羽化，因名华山。

远望华山主峰状如金元宝，与周边环绕的几座小山远望形似莲荷，西峰的翠云宫前又有倒扣莲花花瓣石，称“花山”。又因为近临黄河是华夏发源地，由于人们的口音等原因，称之为“华山”。

华山一共有5座山峰，紧紧聚在一起，东、南、西、北4座山峰像4个大花瓣，中峰就像花蕊一样被包在中间，说它像一朵花，真是名副其实。

有了“华山”的名字，附近的地名也受到影响。比如华山北面的县名，就因位于华山的阴坡而取名为华阴县，在华山南坡的取名为华阳。甚至说，中华民族的得名也与华山的名字分不开。

清代著名人物章太炎就认为：

我国民族旧居雍梁，即今陕西境内二州之地，东南华阴，东北华阳，就华山以定限，名其国土曰华。其后人迹所至，遍及九州，华之名始广。

还有人说，我国古代也叫华夏。夏是由于夏族曾居住在满目花簇的华山地带而得名。这两种说法并非无稽之谈，“中华”或“华夏”的得名是与“华山”有关，使华山这座名山更增添了光彩。

华山的历史衍化可以追溯到距今7000万年前的白垩纪时期，那时秦岭一带发生了强烈的地壳运动，形成一个巨大的花岗岩体的侵入岩，其东西长15千米，南北宽10千米，面积150平方千米。

到了新生代时期，由于华山北麓渭河地堑不断陷落，秦岭山地几经抬升，形成华山主体的花岗岩露出地表，在第三纪新构造运动中大幅上升，加上大自然的风雨雕琢，形成险拔隽秀的山势。

华山奇险峻峭，群峰挺秀，以险峻称雄于世，自古以来就有“华山天下险”“奇险天下第一山”的说法。正因为如此，华山多少年以来吸引了无数的勇敢探险者。

奇险能激发人的勇气和智慧，能激发出不畏险阻攀登的精神，使人身临其境地感受山川的壮美。据先秦重要古籍，富于神话传说的最古老的奇书《山海经》记载：

太华之山，削成而四方，其高五千仞，其广十里。

华山是秦岭的一个小支脉，因西临少华山，古称太华。华山共有5峰，即南峰落雁、东峰朝阳、西峰莲花、北峰云台、中峰玉女，其海拔都在2千米以上。

其中，南峰落雁、东峰朝阳、西峰莲花三峰鼎峙，人称“天外三峰”。再加上云台、玉女二峰相辅于侧，36小峰罗列于前，扼守着古代我国的心脏地区。

华山境内地理环境优越，南高北仰中部夹漕，有山有川，有塬有滩，多样的地理环境和良好的气候，为农、林、牧、渔业发展及各种矿产生存提供了适宜的条件。

华山四季分明，春季干燥，可以看到云海；夏季雨多但转瞬即晴；秋季晴多雨少；冬季常有雾雪，山路艰险难行。

从山麓至山顶，气温成直线递减，年平均气温较低，只有6.8摄氏度，年温差也偏小，仅为18.8摄氏度。山上多风，夏季湿气较重。

华山全境属暖温带季风气候，光照充足，自然资源丰富。这里土壤质地良好，适宜粮棉和经济作物生长，是酥梨的生长地。

林木资源有66属，110余种。珍贵树种有华山松、白玉兰、银杏、冷杉等。名贵药材有白细辛、龟形茯苓、野生灵芝、何首乌等。

珍禽异兽有国家级保护动物金钱豹、娃娃鱼、苏门羚、青羊等。

农副土特产品种繁多，有黄梅等10多种水果，华山灵芝等中药材900多种。金、银、蛭石、稀土等各种矿产25种，其中铁矿储量丰富。

花岗岩石板材远景储量数亿立方米。地热资源丰富，泉水星罗棋布，醴泉日出水量1200立方米，含有丰富的微量元素，为优质饮用水。

华山是中华民族文化的发祥地之一，我国最早的上古皇室文献《尚书》里就有关于华山的记载，《史记》中也有黄帝、尧、舜华山巡游的事迹。有诗为证：

神游百苑猎新奇，巧酿清纯炒露曦。
相约春风耕蕙圃，插根筷子发荼蘼。

后来，秦始皇、汉武帝、武则天、唐玄宗等十数位帝王，也曾到华山进行过大规模祭祀活动。

华山被称为西岳，与东岳泰山并称，最早见于汉代人应劭所著的《尔雅·释山》一书。西岳这一称呼，据说是因周平王迁都洛阳，华山在东周京城之西，故称“西岳”。

后来，秦王朝建都咸阳，西汉王朝建都长安，都在华山之西，华山不再称为“西岳”。直到汉光武帝刘秀在洛阳建立了东汉政权，华山就又恢复了“西岳”的名称，并一直沿用至今。

据记载，最早秦昭王曾命工匠施钩搭梯攀上华山。魏晋南北朝时期，还没有通向华山峰顶的道路。直到唐朝，随着道教兴盛，道徒开始居山建观，逐渐在北坡沿溪谷而上开凿了一条险道，形成了“自古华山一条路”。

华山从得名开始，已有2400多年的历史了。《尚书》中记载，华山是“轩辕帝会群仙之所”。

汉唐以前华山虽然有名，但是由于华山太险，很少有人登临，可说是处于探险阶段。为此，历代君王祭西岳，都是在山下西岳庙中举行大典。

唐宋时代，修道求仙的隐士们开始在华山凿洞为祠，也引来了少数的诗人和画家，这是开发的初期。

到了元明时代，山上营建起楼阁殿宇代替了山洞，山路也因此得到修整，有的凿成了石级，有的加上了铁链栏杆，方便了登山的游人，这是开发的盛期。

到了清代，上山的游人不计其数，文人雅士画家来到华山的络绎不绝，极大地增强了华山的盛名。

知识点滴

相传有位书生刘彦昌上京赶考，闻听华山三圣母十分灵验，便去抽签问前程。他虔诚地连抽三签都是白板，无一灵验。刘彦昌气极了，题诗粉壁墙嘲笑三圣母。

三圣母闻讯用雷雨惩罚他，后又惜他才貌双全，随后与他结为夫妻。

二郎神杨戬得知妹妹三圣母私配凡夫，违犯天条，便把三圣母擒来压在华山下。

三圣母生下个儿子叫沉香，长大后拜师吕洞宾学艺。神功学成，便找杨戬寻仇。经过一场生死大战，舅父杨戬败北。

沉香挥巨斧力劈华山，救出亲娘。至此，刘彦昌、三圣母和儿子沉香终得团圆。

巍峨险峻的奇美风光

华山山路奇险，山峰奇伟，景色奇美，风光幽静，山谷青翠，鸟语花香，流泉垂挂。华山以险著称，有东、西、南、北、中5峰。

华山脚下的玉泉院，是登山的必经之地，因院中泉水与华山上的玉井潜通而命名，亦名希夷祠。

院内长廊回合，殿宇、亭台、秀石别致，溪流环绕，茂林修竹，环境幽雅，泉水清冽甘美。

从玉泉院进山，南行2.5

千米，有石门挡路，这就是五里关，人称“第一关”。不远处希夷峡谷，又有一道石门，仅容只身通过，号称“华铁门”，俗称“第二关”。

大高崖瀑布又名搭钩崖瀑布，在华山峪希夷峡东北侧，这里崖壁直立如削，高百余米，人无法从这里攀登，过去只有药农和猎户搭钩登崖。

崖上平素无水，但有流水冲刷的石槽自崖顶直达谷底。每逢大雨时，流水由崖顶一泻而下，水雾茫茫，声震崖谷，气势非常壮观。

位于华山峪道3千米处，是华山道士焦道广隐居时的住所。从小上方南端，沿着一条攀链而行的险路拾级而上，首先见到一石门，此称西元门，据《岳志》记载，这是当年唐玄宗找金仙公主的地方。

门北有一“老爷洞”。从这里向西南望，对面绝壁上刻有“云峰”两个大字，苍劲有力而又飘逸洒脱。从老爷洞沿壁拉索，向东北方向而上，路上有一块呈马鞍形的巨石，叫作马鞍桥。

这里有一处刻石题字写道：

> 周道谨、王文友重修唐时古道，
> 建炎三年四月终功毕记。

由马鞍桥一下一上，便到了“雷神洞”。此为一天然石洞，形似竖井，四壁如刀削一般，仅容一人上下。洞边有一木梯，上端在崖壁间凿孔架一独木桥，游人挽索登桥贴壁而上，十分惊险。

石壁上刻有“洞在高山”4个大字。出洞四望，豁然开朗，峰峦叠翠，林木苍郁，奇花竞秀，流泉淙淙，飞鸟时鸣，如入神话境界。

尤其阳春三月桃花盛开时节，芳草鲜美，落英缤纷，满目红霞，更给人一种“无限风光在险峰”之感。

经沙萝坪、毛女洞、过云门，就到了青柯坪，路程恰为一半。前面西峰拔地而起，气势磅礴，北眺秦川，渭河如带，黄河隐约可见。

过青柯坪，转弯、过桥，上陡坡后，会发现有大石壁上篆刻“回心石”3个大字。

这里距山门口有5千米之多，虽然一直走在峪道，但坡陡路长，人感觉很累，到这里才算真正开始上山，到这里常畏险不前，许多人因而原道返回，所以这块石头取名“回心”。

民间传说，那是在元朝的时候，道士贺志真带领两个徒弟在华山开道凿洞，每凿一洞，就让给别人。

这样天长日久，两徒弟就有些不高兴，本想跟上师父学点东西，现在不但没学到什么东西，而且天天吃苦凿洞。

这天，师徒三人在南天门外悬空凿洞时，两徒弟砍断绳索，眼看师父坠入深渊。两徒弟随即下山，没想到走到“回心石”处与师父相遇。

俩徒弟知道师父已经成仙，不是凡人了，于是悔恨不已，决心回心转意，又随师父上山修炼。后来两徒弟也都修炼成仙了。

过了回心石，眼前就是又陡又长又窄的千尺幢、百尺峡，势如刀削，天开一线。

千尺幢是华山第一险道，形如裂隙，四壁直立，凿石为梯，登山时向上仰视，一线天开。往下望如深井，其间仅容二人上下穿行。坡度为70度。

从上到下共有370多个台阶，皆不满足宽。石阶的宽度只能容纳一个人上下，两旁挂着铁索，人们手攀铁索，一步步向上登。下山时比上山时更险，如临深井，从胯下窥视路面。

“千尺幢”顶端，有一个仅容一人的石洞，因为当人们爬上最后一个石级时，便可从洞中钻出，故而此洞名叫“天井”。

“天井”上有一平台，台上刻写的“太华咽喉”，形象地说明了这里的路形如人的咽喉食管，既窄又突出且长。“天井”口为“太华咽喉”中段，若从此堵住，上下就会绝路。

再往前走，还有一处险路百尺峡。百尺峡是华山天险之一。百尺峡没有千尺幢那么长，仅46米，有91级石阶，可是这里势危坡陡，石壁峭立，通道狭窄，还有悬石，摇摇欲坠。

明朝的端木有诗称赞这里的惊险，诗中写道：

幢去峡复来，天险不可瞬。
虽云百尺峡，一尺一千仞。

千尺幢、百尺峡的台阶都是明末清初开始凿的，后来又多次修整，又凿出复道，游人上下各行其道。

走出百尺峡，过仙人桥，前面又是一段险路“老君犁沟”。华山民谣道：

千尺幢，百尺峡，老君犁沟往上爬。

传说在很久以前，华山通北峰的山道是财东驱使佃户和长工修

的，修路工程异常艰巨，伤亡人不少。

有一天，太上老君骑青牛路过华山，看到了开山人的辛苦，便用如意柄变成铁犁，套上坐骑青牛，自己扶犁挥鞭，硬是在陡峭的岩壁上犁出了一道长沟。

人们遥对驾云东去的老君叩拜，并把老君开的这条陡道叫“老君犁沟”。

太上老君走得匆忙，把青牛忘了。青牛留在了华山，化为“卧牛石”。人们后来在聚仙台开石凿洞，命名“犹龙洞”，供奉太上老君。

“老君犁沟”是登山必经险路，依山傍壑，陡坡直上，铺有570级石阶。在“老君犁沟”的尽头是“猢狲愁”，顾名思义，崖壁太陡峭了，连猴子都发愁。

从猢狲愁下聚仙台，聚仙台古名空灵峰、窝风崖，在北峰横翠崖西的一个平台上。古代自横翠崖西登台途中架有吊桥，桥板曳起，即成天堑。

传说，轩辕黄帝曾到聚仙台与群仙聚会，并与神仙在此下棋。一位樵夫路经此地，被棋局吸引，就放下斧头在一旁观战并入了迷，但见周围树叶落了又绿，绿了又落，不知是什么缘故。

等到他想起回家时，发现斧柄已腐锈，待回到家中，村人皆不认识他。殊不知“仙界一日，凡间百年”。于是他返回华山修道炼丹，后来羽化成仙。

聚仙台上原凿有连体石洞，面积约数十平方米，后依洞筑庙，历代不断修葺扩建，自成道院。

清宣统年间重修，增建楼阁3间。这里环境幽雅，花木掩映，堪称天然仙境，古代名人隐士多来这里修身养性。

聚仙台也是雨后观赏水帘瀑布的最佳位置。台西北角崖下有石洞，名王子丹成洞，也叫王子求仙洞。这里，还传有这样的歌谣：

王子去求仙，丹成八九天。
洞中方七日，尘世已千年。

过横翠崖北上就登上了海拔约1.6千米的北峰。北峰为华山主峰之一，四面悬绝，上冠景云，下通地脉，巍然独秀，恰如一座平台，因而又叫云台峰。

峰北临白云峰，东近量掌山，上通东西南3峰，下接沟幢峡危道，峰头是由几组巨石拼接组成，浑然天成。

绝顶处有平台，原建有倚云亭，后残留有遗址，是南望华山三峰及苍龙岭的好地方。峰腰树木葱郁，秀气充盈，是攀登华山绝顶途中理想的休息场所。

北峰上景观颇多，有长春石室、真武殿、焦公石室、仙油贡、神土崖、玉女窗、倚云亭、老君挂犁处、铁牛台、白云仙境石牌坊等，各景点都伴有美丽的神话传说。

长春石室是唐贞观年间道士杜杯谦隐居的地方，传说杜杯谦苦心修炼断谷绝粒，喜好吹奏长笛，经常叫徒弟买回很多竹笛，吹奏完一曲，就把笛投于崖下，投完后再买，往而复始，从未间断。因他能栖息崖洞中累月不起，便自号长春先生。

真武殿为供奉镇守九州的北方之神真武大帝而筑。真武殿为北峰主要建筑，千百年间旋兴旋废。后来又重建，依崖就势，古朴典雅，保存了原建筑的风格，成为北峰主要人文景观之一。

焦公石室、仙油贡、神土崖都是因焦道广的传说而得名。相传那还是北周武帝时代，道士焦旷，字道广，独居云台峰，餐霞饮露，绝粒辟谷，身边常有三青鸟向他报告未来的事情。

传说武帝宇文邕闻知他的大名，便亲临山中问道，并下令在焦公石室前建宫供他居住。

筑宫时，峰上无土，缺乏灯油，焦道广默祷，便有土自崖下涌出，源源不绝。油缸里的油也隔夜自满，用之不竭。

后来人们就把涌土的地方叫神土崖，把放油缸的地方称仙油贡。

自北峰向上攀登，经过狭长陡峭的擦耳崖，可到达天梯。天梯为华山著名险道之一。梯路开凿在直立如削的岩石上，面临万丈绝壑，石阶几乎接近90度。

天梯的顶端，有一处“日月崖”。只见一石独立，顶天立地，孤立于云端，中间被一道缝隙隔成一大一小，形若日月，因此得名。

据说一代女皇武则天登上华山，行至“日月崖”时，以这两块形似日月石头命名自个儿的字号“曌”，含义为“两块奇石上顶青天，下临空谷，唯我独尊”，昭示着这位女中豪杰与日月共齐，俯瞰天下的信念与气魄。

过了天梯就到了苍龙岭。苍龙岭是在救苦台南、五云峰下的一条

刃形山脊，是华山著名险道之一。因岭呈苍黑色，势若游龙而得名。

岭的西边临青柯坪深涧，东临飞鱼岭峡谷，长约百余米，宽不足1米，中突旁收，游人在上面行走，胆战心惊，如置云端，惊险异常。

这里留下了韩愈投书的故事。那是在唐朝的时候，学士韩愈因阻止皇帝迎佛骨被贬，心情不爽，便想游华山解忧。

韩愈游历了中峰、东峰、南峰、西峰后，便想下山回去。

当他来到两尺多宽、下临深渊的苍龙岭，骑在龙背上时，心惊胆战，上下不能，便放声痛哭。面对险境，认为自己小命难保，打开背包，取出笔砚，草草给家人写了一封遗书，投到岭下。

韩愈的遗书恰巧被在山下散步游玩的华阴县令拾到，随即命衙役上山将韩愈背下山来。这段名人逸事，为游人增添了少许情趣和遐想。还留下了苍龙岭上端“韩退之投书处”的胜迹。

相传，古时候山西武乡有个叫赵文备的人，百岁时游华山，闻韩愈投书故事，便在崖壁题刻：

苍龙岭韩退之大哭辞家，赵文备百岁笑韩处。

明代的杨嗣昌也认为，韩愈之所以在苍龙岭痛哭，是因为苍龙岭的奇险壮美，实在太令人惊叹了，以他的才华，也不能用笔墨表达出来，只好大哭一场来抒发自愧才疏的心情。

清代华阴名人王宏嘉在《华山记》中记述到这个故事时说，韩愈面对宪宗皇帝，面无惧色，慷慨陈词，指出皇帝的错误，要皇帝改正，他的胆量是超过一般人的，不会在苍龙岭胆怯失态，他认为这个传闻，一定是编造的。

尽管如此，行人还不敢站着行走，而是骑在岭上，一寸寸往前移动，因此人们又称苍龙岭为搦岭。直到唐末，岭脊两侧始设石栏矮墙，也才有了少量的石磴石窝。

到了明清时期，随着朝廷对华山神祭祀次数增多，整修华山道路有了大的举动，苍龙岭有了250级石阶。

后来，苍龙岭险道几次拓修，护栏逐年加固，石阶增至530余级。为了使岭上不再发生拥塞和危险，又在苍龙岭东飞鱼岭开凿登山复道以保证安全上下。

过苍龙岭就是金锁关。金锁关形势险要，是华山东峰、西峰和南峰的咽喉。在三峰之间是一片洼地，西面有镇岳宫，它依山岩而建，松林笼罩，有名的“玉井”就在院中。

每当雨季，玉井的水溢流出来，经过“二十八宿潭”奔注东西两峰之间，变成瀑布飞流直下，成为华山名胜。

古人称华山三峰，指的是东西南三峰，玉女峰则是东峰的一个组成部分。后来，人们将玉女峰称为中峰，使其也作为华山主峰单独存在了。

东峰是华山主峰之一，海拔约2千米，因位置居东得名。峰顶有一

平台，居高临险，视野开阔，是著名的观日出的地方，人称朝阳台，东峰因而被称为朝阳峰。

古代登东峰道路艰险，明代百科式图录类书《三才图会》中记述说，山冈如削出的一面坡，高数十丈，上面仅凿了几个足窝，两边又无藤蔓可以攀缘，登峰的人只有趴在岗石上，手脚并用才能到达峰巅。

东峰顶生满巨桧乔松，浓荫蔽日，环境非常清幽。自松林间穿行，上有桧乔松绿荫，如伞如盖，耳畔阵阵松涛，如吟如咏，让人觉得心旷神怡，超然物外。

东峰有景观数十处，朝阳台北有杨公塔，为杨虎城将军所建，塔上有杨虎城将军亲笔所题“万象森罗”4字。此外，东峰还有青龙潭、甘露池、三茅洞、清虚洞、八景宫、太极东元门等。

险道经过整修加固后，亭台重新获得建造，在八景宫旧址上，重新矗立起了一栋两层木石楼阁。

东峰顶上有3个茅洞，洞内有五代宋初著名道教学者、隐士陈抟像，洞外有甘露池。附近的清虚洞前有一孤峰，在峰顶上有铁瓦亭一座，铁棋盘一副，名为“下棋亭”。

据说宋太祖赵匡胤曾在这里和陈抟下棋，结果输给陈抟，该亭由此得名“赌棋亭”。

华岳仙掌在东峰，是指东石峰的面东崖壁。大自然的风剥雨蚀在崖上造化了一面手掌形石纹，高数十米，五指分明，形象生动逼真，人称“华岳仙掌”。因它的壮观，被列为陕西有名的关中八景的第一景。

历代有关华岳仙掌的神话传说很多，一说在上古时候，山西境内的首阳山同华山连通，黎民百姓苦不堪言。河神巨灵悲悯人间疾苦就手推华山，脚踏首阳山，使地轴折断，山脊裂绝，一山移而为二，黄河从两山之间奔射东去，从此，巨灵神推山的手印留在华山上。

古人有许多吟咏仙掌的诗文赋记，篇篇都妙语连珠。唐诗人刘象有《咏仙掌》诗一首，诗中写道：

万古亭亭倚碧霄，不成擎亦不成招。
何如掬取天池水，洒向人间救旱苗。

据说刘象后来因此诗而诗名大振，被人称为刘仙掌。此外，唐喻的《仙掌赋》、关图的《巨灵擘太华赋》等都是一咏三叹、荡气回肠的佳作。

南峰是华山最高主峰，海拔约2.16千米，也是五岳最高峰，古人尊称它是“华山元首”。登上南峰绝顶，顿感天近咫尺，星斗可摘。

峰南侧是千丈绝壁，直立如削，下临一个断层深壑，同三公山、三凤山隔绝。

南峰由一峰二顶组成，东侧一顶叫松桧峰，西侧一顶叫落雁峰，也有说南峰由三顶组成，把落雁峰之西的孝子峰也算在其内。

这样一来，落雁峰最高居中，松桧峰居东，孝子峰居西，整体像一把圈椅，3个峰顶恰似一尊面北而坐的巨人。

明朝文学家袁宏道，在他的《华山记》一书中记述南峰说：“如人危坐而引双膝。”

落雁峰名称的来由，传说是因为回归大雁常在这里落下歇息。峰顶最高处就是华山极顶，登山的人都以能攀上绝顶而引以为豪。

历代的文人们往往在这里豪情大发，赋诗挥毫，因此留给后世诗文记述颇多。峰顶摩崖题刻琳琅满目，俯拾皆是。

唐朝的作家冯贽在他记录异闻的古小说集《云仙杂记》中记述诗人李白登上南峰时的感叹说：

此山最高，呼吸之气想通天帝座矣，恨不携谢朓惊人句来搔首问青天耳。

落雁峰周围还有许多景观，最高处有仰天池、黑龙潭，西南悬崖上有安育真人龛、迎客松等景观。

松桧峰稍低于落雁峰，但面积比落雁峰大。峰顶乔松巨桧参天蔽日，因而叫松桧峰。

松桧峰上建有白帝祠，又名金天宫，是华山神金天少昊的主庙。因庙内主殿屋顶覆以铁瓦，也有称其铁瓦殿的。

松桧峰周围有许多景观，主要有八卦池、南天门、朝元洞、长空栈道、全真岩、避诏岩、鹰翅石、杨公亭等。

其中，长空栈道位于南峰东侧山腰。

长空栈道有700余年的历史，是华山派第一代宗师元代高道贺志真为远离尘世静修成仙，在万仞绝壁上镶嵌石钉搭木椽而筑。

栈道路分3段，出南天门石坊至朝元洞西，路依危崖凿出，是为上段。折而向下，崖隙间横贯铁棍，形如凌空悬梯，游人须挽索逐级而下，称之“鸡下架”，是为中段。

西折为下段，筑路者在峭壁上凿出石孔，揳进石桩，石桩之间架木椽3根，游人到此，面壁贴腹，

脚踏木椽横向移动前行。

栈道上下皆是悬崖绝壁，铁索横悬，由条石搭成尺许路面，下由石柱固定，游人至此，面壁贴腹，屏气挪步，长空栈道是华山险道的险中之险。

古往今来，历险探胜者络绎不绝，其中不乏文士名流，多有记述传世。明代“后七子”之一的李攀龙《太华山记》记述：

> 出南天门向西就是栈道，栈虽有铜柱铁索拦护，然阔不盈尺。行二十余丈方至尽头。下折为井，高约三丈，旁出复为栈……

仰天池在华山南峰绝顶，也就是华山海拔的最高处，因站在池畔，仰望青天若在咫尺而得名。

仰天池为岩石上一天然石凹，呈不规则形，深约1米，池水面积约3平方米，水色清澈，略呈绿色。池水涝不盈溢，旱不耗竭，成为华山十大谜之一。又因池距太上老君洞相近，传说太上老君常汲池水炼制金丹，又称为太乙池、太上泉。

仰天池畔岩石上题刻琳琅满目，如“太华峰头”“沐浴日月”“登峰造极”“顶天立地”“袖拂天星”等，大多出自名家手笔，袁宏道、米友石等都在这儿留有墨迹。

明代书画家王履有在《南峰绝顶》诗中写道：

搔首问青天，曾闻李谪仙。
顿归贪静客，飞上最高巅。
气吐鸿蒙外，神超太极先。
茅龙如可借，直到五城边。

黑龙潭在南峰仰天池南崖下，潭深尺余，面积约一平方米，常年积水，大旱不涸，水色多有变化。

史志记述，天旱时，百姓常来此祈雨，多获灵验。《说铃》一书记述，潭中有黑龙居住，龙在水黑，龙去水清，当地人称水为华山的顶门水。潭涝不溢、旱不涸，水色变化无常，人们不得其解，也成为华山十大谜之一。

据记载，1777年，正逢下种时节，陕西大旱，庄稼种不下去，百姓心急如焚，陕西巡抚毕沅登山到南峰金天宫和黑龙潭祀神祈雨，果然陕西普降甘霖两昼夜，严重的旱象得以解除。

毕沅下山后，看到沿途百姓扶老携幼一片欢呼，便派使臣禀明圣上，请求赐颁御书匾额，以答谢岳神遣龙行雨的澍荫之美。

差役回来禀报说乾隆皇帝赐字“岳莲灵澍”。毕沅立即率文武同

僚到郊外跪迎，并立石刻碑，将这4字镶以纯金，放在西岳庙御书房内，这就是现在陕西最大的卧碑。

迎客松在南峰仰天池西，一松孤立崖上，枝干苍劲多曲，形如躬身伸臂作迎客状，被人们称之为迎客松。

西峰是华山最秀丽险峻的山峰，海拔约2千米，峰顶翠云宫前有巨石形状好似莲花瓣，古代文人多称其为莲花峰、芙蓉峰。

传说故事《宝莲灯》中，沉香劈山救出三圣母的地方，就是华山西峰。峰的西北面，直立如刀削，空绝万丈，人称舍身崖。

明代著名地理学家、探险家徐霞客在《游太华山日记》中记述：

> 峰上石耸起，有石片覆其上，如荷花。

西峰为一块完整巨石，浑然天成。西北绝崖千丈，似刀削锯截，陡峭巍峨、阳刚挺拔之势是华山山形的代表。

登西峰极目远眺，四周群山起伏，云霞四披，周野屏开，黄渭曲流，置身其中若入仙乡神府，万种俗念，一扫而空。

自古以来文人吟咏西峰的诗文很多，唐代乔师对有《西峰秦皇观基浮图铭》，明代书画家王履有《始入华山至西峰记》，甚至唐代国子监殿试也以莲花峰为题。

中峰又称玉女峰。这里流传着一个美丽的爱情故事，也叫吹箫引凤的故事。

传说那是在春秋时代，秦穆公得宝贝女儿，便起名叫弄玉。弄玉自小聪明伶俐，颇通音律，能吹百鸟叫声。

有天夜晚，她正入神地吹奏凤凰鸣的曲子，忽然有人用箫吹奏曲音附和，双音鸣奏，非同凡响。

原来弄玉招来了知音，华山萧史闻听音乐，听箫而至。两人的合奏引来了赤龙彩凤纷纷舞蹈。秦穆公大喜，安排萧史住下。

弄玉日久便对萧史产生了爱慕之情，秦穆公欣然应允。俩人情投意合，结为夫妻。嗣后，他们放弃宫廷荣华富贵，萧史乘龙，弄玉跨凤，双双来到华山中峰隐居，玉女峰由此得名。

玉女峰形如鸟头，上丰下缩。峰顶有一巨大的石梁，形状像龟。

后人为了纪念不慕荣华的弄玉在龟背上建有玉女祠。

祠内原供有玉女石尊，另有龙床及凤冠霞帔等物，已毁了。后来的祠是后人重建的，玉女塑像也是后来重塑的，其姿容端庄清丽，古朴严谨。

祠前有石臼5个，传为弄玉洗头盆。旁边有石马一匹，相传是弄玉进山所乘骏马的化身。祠后有品箫台、引凤台。

中峰山崖上有独松一棵，不见根，松枝凌空招展，树干无鳞有光，名叫舍身树。

古人抒写玉女及玉女峰的诗文较多。唐代杜甫在他的《望岳》诗中有名的诗句：

安得仙人九节杖，拄到玉女洗头盆。

唐朝诗人张乔在他的诗中写道：

谁将倚天剑，削出倚天峰。

这些诗句都是针对华山的挺拔如削而言的。

华山山麓下的渭河平原海拔仅330米至400米，同华山高度差为1.7千米，山势巍峨，更显其挺拔。

“势飞白云外，奇险冠天下”的华山，以其磅礴的气势，巍峨的雄姿，赢得了“天外三峰”的美名。

知识点滴

华山莎萝坪上边有毛女洞和古丈夫洞，传说是毛女仙姑与秦宫役夫栖身修道的地方。

毛女仙姑名叫玉姜，是秦始皇从楚国掠来的少女。由于她生得明眸皓齿，端庄秀丽，且又颇通音律，擅长抚琴，秦始皇就把她留在阿房宫。

秦宫中有个役夫叫张夫，被征去骊山为秦始皇修造陵墓。后来又通过琴声与玉姜相识。当听到秦始皇要选择宫女陪葬的消息后，张夫乘机借夜色掩护，将玉姜带出宫来。行了半个月，才逃进华山。

他们自从进山入石洞后，饥吃松子山菜野果，渴有山泉潺潺。夜来时，一张瑶琴，同奏世外清音。渐渐地遍身生绿毛，颜面如涂漆。猎人与樵夫常常遇见，齐声呼仙人。直到唐朝，还有两个采药的人在芙蓉峰请两位大仙喝酒吟诗。

毛女和张夫当年栖身的石洞依然如旧。不过有人传说，登华山的游人在夜间有时还能听到毛女洞中悠悠的琴声呢！

凌空奇葩的道教古建筑

华山雄伟险峻，惊奇壮观，是中华民族的圣山，还是道教名山，自古以来，道教文化在华山盛行。

华山风景绝秀，地处中土，很早以前就被认为是神仙出没的圣地。一些帝王前来华山祭祀朝拜，也是神仙家和方士们活动的重要场所。

道教形成后，华山就成为道教著名的第四“洞天福地”。道教中传说的古代神仙，如冯夷、青鸟公、毛女、赤斧、古丈夫、三茅等，相传都在华山得道成仙。

还是在春秋时代，就有道家在云台观布道。秦汉以来，

道教与华山有关的神话传说广为流传，现存就有200余篇。

传说茅山道的祖师茅盈的曾祖茅濛于公元前216年，在华山白日飞升。由此，秦始皇把腊月改名叫“嘉平”。当时有儿歌道：

神仙得者茅初成，
驾龙上升入泰清，
时下玄洲戏赤城，
继世而往在我盈，
帝若学之腊嘉平。

汉武帝时为敬慕明星玉女“白日升天”之事，始“立集灵宫于华山下”，祭祀明星玉女。

集灵宫后来改为西岳庙，是一座“百丈层楼隐深树，飞甍正欲摩苍穹”的古建筑群。

这座规模宏大，古香古色的建筑，从汉武帝刘彻创建以来，已经历了2000余年的风雨沧桑。在我国浩繁的古代文明中，留下了它深沉的足迹。

西岳庙坐北朝南，庙门正对华山，是供奉西岳大帝华山神的庙宇，成为历代帝王祭祀华山神的场所。是非常珍贵的大型古建筑群落，在我国建筑史上拥有特殊的地位。

在由北至南的中轴线上，依次排列着灏灵门、五凤楼、棂星门、金城门、灏灵殿、寝宫、御书楼、万寿阁，整个建筑呈现前低后高的格局。

西岳庙建筑相当宏伟，五凤楼建于高台上，登楼望华山，五峰历历在目。正殿灏灵殿为琉璃瓦单檐歇山顶，坐落于宽广的“凸”字形月台上，面宽7间，进深5间，周围有回廊，气势宏伟，历代帝王祭祀华山多住在这里。

殿内悬挂有康熙、道光、慈禧所题“金天昭端”“仙云”等匾额。整个院落林木繁茂，山石嶙峋，饶有园林雅趣。

西岳庙内碑刻极多，现存后周时期的“华岳庙碑”、明朝重刻的“唐玄宗御制华山碑铭”、明万历刻的“华山卧图”，这幅图首附王维、李白、杜甫、陈抟等唐宋名人游华山的题诗和华山图，这里还有乾隆御书的“岳莲灵澍”石额。

东汉王朝建立后，仍未忘记祖宗成法，继续奉祀西岳之神。只是由于集灵宫离华山较近，又在山下，难以完全体现“望”祭的要求，也不能达到祀神的目的，便将这一座神庙迁到了靠近长安通往洛阳大路的位址。

相传，迁建的庙址选好以后，监造大臣和工匠们对庙宇的建筑形式犯了难，各有所想，但都不成熟，长久决定不下来。

时值炎炎酷暑，有一天，忽然狂风大作，从华山之巅生出团团乌云，迅即遮天蔽日。

由于突然，人们无不惊骇，以为是建庙不力，得罪了岳神。顷刻又见狂风稍息，天空骤然降下了鹅毛大雪。雪后，忽见一只矫健的兔子，在雪地上飞奔，所走路线怪异，人们惶恐未定，愈加愕然了。

等到清醒过来，白兔似融化在雪里，已不见踪影。仔细一看，白兔跑出的路线居然是一幅疏密有度、布局严谨的建筑图样。人们欣喜若狂，就按照这一图样，开始建筑。

至晋武帝统一全国后，西岳庙中的香火又一次旺盛起来。在晋武帝太康年间，人们还在西岳庙至华山的路旁植下几千棵柏树。

到唐玄宗开元年间，一个偶然的机会，才又使西岳庙的官方香火缭绕起来。

传说，是在725年，唐玄宗李隆基去东都洛阳，路经华阴将至西岳庙时，猛然发现有许多人迎接他。

他不知所以，便问左右随从这些是什么人，群僚却因未曾看见而莫名其妙。唐玄宗又招来当时专会交通神人的巫师询问，其中有一个叫阿马婆的巫人，说是西岳神迎接皇帝来了。

唐玄宗听了此言，信以为真，受宠若惊，立即诏令全国，封华山神为“金天王”，西岳庙也改称为“金天王神祠”，直至1370年才恢复西岳庙原名。

唐玄宗欣喜之余，不但封华山神以人间官号，而且亲自写下碑文，让华山刺史徐知仁与信安王祎勒石纪念。第二年碑刻成后，立在了应天门外的通街上。

这座碑通高5丈多，阔1丈多，厚4尺多，堪称天下石碑之最了。碑铭“高标赫日，半壁飞雨”，背面还刻有太子王公以下官的名字。制作宏丽无以复加，在西岳庙里，它堪为唐玄宗开元盛世的象征。

960年，宋太祖赵匡胤统一了全国，第二年对西岳庙进行了一次大规模的修建，在唐代旧的基础上进行了大规模扩建，从此每年祭祀遂成定制。

1482年，又进行了修建，这次修建，历时近30年，可见规模之大，想必是进行了彻底的扩建、增修。

明宪宗年间又进行一次大规模的修葺，这次大规模的修建，基本奠定了后来的规模，但和清代“敕修西岳庙图”碑所绘相比，尚少灏

灵门、牌坊及万寿阁等建筑，其正殿和廊房规模也比后来小些。

自成化年间大修之后，历经60多年，西岳庙渐渐地倾颓了。嘉靖年间，对倾颓的西岳庙又进行了修建，增加了玉垒、神荼殿两座，即灵宫殿、玉冥王殿，7座棂星门有屋7个，比明宪宗时的庙制又有扩建。

1555年的大地震，西岳庙被毁坏。于是嘉靖帝便先修起了寝宫，到了1562年，又进行了一次大修，历时两年告成。

清代对西岳庙进行过3次比较大的修建。陕西巡抚毕沅奏称西岳庙岁久倾颓，急需葺治，乾隆帝毫不犹豫便拨银12万两，让毕沅酌情办理，叮嘱毕沅修西岳庙“务必工程坚固，庙貌鼎新”。

毕沅对西岳庙建制的完善，尤其是所设古碑亭，刻“敕修西岳庙图”碑等，对保护西岳庙的文物做出了巨大贡献，为研究西岳庙留下了许多珍贵的资料。但没想到，西岳庙又毁于战火。

清朝军机大臣左宗棠和巡抚刘典商议，重新修复西岳庙，命令华阴令总办督促，从1867年开工历经4年，将庙筑成。

到光绪年间，在左宗棠修建的基础上，人们接着又修复了庙内的万寿阁，并补修了御书房、望河楼、五圣祠、两角楼、放生池等，使西岳庙又焕发了青春。

后来，又曾数度对西岳庙的城墙、棂星门、金城门、灏灵殿等古建筑加以维修，拆除了庙内中轴线以内有碍观瞻的建筑和设施，并将分散的具有历史、艺术价值的碑碣和文物统一征集，集中收藏保管，对西岳庙作了大量的修建。

从整体布局来看，西岳庙建筑群坐北向南，朝向华山主峰，主要建筑沿着南北轴线左右对称，前后分为6个空间，相互衬托，协调对比，形成一个不可分割的整体布局。

第一个空间为五凤楼前入口部分。主要建筑有木牌楼、琉璃照壁、灏灵门、石栏杆围成的棋盘街和石狮子等。

第二个空间为五凤楼后面的院落。当年，这里主要是矗立碑石的地方，各代名碑林立左右，篆隶草行，琳琅满目，曾被誉为陕西的小碑林。后来仅剩下唐玄宗的“御制华山铭残字碑”。

第三个空间，即棂星门到金城门之间的院落。主要建筑有棂星门、明代“天威咫尺”石牌楼以及金城门等。

棂星门取“灵星”之意，“灵星”原为管天田的神，祭祀它以祈五谷丰登。

西岳庙里这个门形如窗棂，就改灵字为棂。门共7间，主体3间为高大的木结构，琉璃瓦单檐歇山顶楼，半拱部分昂出9条雕刻精致的龙头，张牙立目，昂首视天，惟妙惟肖，7条正出，两条斜出，人称“九龙口”。其门整个建筑规模宏大，结构繁杂，色彩绚丽，从各个方面都显出西岳庙的等级之高。

“天威咫尺”石牌楼为明万历年所建，结构为四柱三开间五楼，是庙里石牌中最大、保存最完好的一座。牌楼各部分全为石质，由石梁、石柱、石枋等组合而成。

牌楼共分3层，层层收进。最上为雄狮托宝瓶，屋里雕以旋花蔓草，四周垂为圆雕的行龙，在每个顶的檐角，均雕有仙人团座。

牌楼最上层檐下，双龙环抱，上书“敕建”两字。正中上下两面嵌有“尊严峻极”“天威咫尺”石匾各一方，字体苍劲有力，相传是明代丞相严嵩手笔。

龙门枋正面有“八仙庆寿”图，背面是“帝后宫廷行乐图”。正反面均有两人手捧托盘，取加官进禄之意。

牌楼立柱的前后面刻有楹联两副，一面是对岳神职权范围的规定，一面为对岳神慈恩广德的赞扬。

除此而外，牌楼上还雕有“二龙戏珠”“狮子滚绣球”“双凤朝阳”“鹤戏图”“鲤鱼跃龙门”等各种图案，且运用圆雕、浮雕、线雕、透雕等各种技法，几乎将我国古代传统中象征吉祥如意的动植物采用殆尽，其艺术价值之高令人瞠目。

第四个空间的主要建筑有灏灵殿等。灏灵殿是西岳庙的正殿，是一座具有大柱、大梁、大檩的琉璃瓦檐歇山顶宠宊伟建。其面宽7间，进深5间，周有回廊环绕，飞檐高耸，斗拱密布。

殿内安置有西岳之神祭牌及香案。殿额上悬有清同治皇帝御笔

“瑞凝仙掌”、光绪皇帝御笔“金天昭瑞”和慈禧太后御笔“仙掌凌云”等匾额。

第五个空间的主要建筑有御书房等。御书房是供放皇帝书的地方，其建筑为琉璃瓦重檐歇山顶木结构的阁楼建筑，面宽5间，进深3间。是乾隆四十二年，也就是1777年所建，内置乾隆御书“岳莲灵澍”横卧碑。

第六个空间的主要建筑有万寿阁、游岳坊、望河楼等。万寿阁在庙的最后方，是庙的制高点，为明神宗万历年间所建。阁分3层，缘梯登楼顶可遥望黄河，故又称望河楼。

万寿阁左右两侧，原各有藏经楼一幢，遗憾的是，楼阁几经劫难，已不复存在。

游岳坊在万寿阁后，琉璃瓦单檐歇山顶建筑，面宽3间，进深3间，是乾隆四十年，也就是1775年华阴县令陆维垣所建。

除以上主要建筑外，西岳庙还有“青牛树”“放生池”“汉石人”“古碑楼”等建筑。

西岳庙是镶嵌在华山的一颗灿烂的明珠，以其雄伟的建筑、悠久的历史、丰富的文物名冠古今。

道教场所玉泉院在华山峪口，为太华山麓著名的游览胜地之一，也是由华山峪攀登华山主峰的必经的路径，因院内原为玉泉而得名。

玉泉院最早建筑始于宋朝初年，是隐士陈抟修行的地方。历代兴废由时，明朝粗具规模。清康熙四十二年（1777）毁于水患，华阴县令陆维垣建亭水榭，才有了现有的规模。后来，当地政府又几度修葺。

玉泉院的自然风光和人文景观熔为一炉，古树婆娑，绿荫盖天，奇石嶙峋，碧水中流，曲径回廊，泉石如画。这里题刻丰富，又大多出于名人手笔，笔法刀法精绝，是华山景区保存最完好的园林式古建筑群。

玉泉院内主要景观有希夷祠、希夷睡洞、山荪亭、七真殿、无忧亭、天然石舫、七十二窗廊，还有金石题刻多处。

希夷祠在最高处，是贾得升为祭祀陈抟所建的祠堂。陈抟，字图南，号希夷。因其隐居华山，不仕朝廷，所以宋太宗赐号希夷，取意陈抟的追求高妙深远，无从感知。

传说陈抟知道自己将不久于人世，便立遗嘱给徒弟贾得升，要贾得升在自己仙逝后，把太宗皇帝当年所恩赐的仙鹤、鞍马等原物归还朝廷。

989年，陈抟化仙于华山峪石室，贾得升便遵照师父遗愿，到朝廷去见宋太宗。

太宗睹物思人，感慨万千，又把这些遗物回赐贾得升，还赐钱500万两，要贾得升在云台观营造北极殿，以实现陈抟生前的心愿。

剩余的资金，贾得升便为师父建造了这座祠堂，并塑造金身，

虔心供奉。祠堂两边各有配殿3间。祠堂前有5楹厅堂，祭祀者必须穿堂而过。

后来，堂上奉全真教华山创始人郝大通塑像。祠堂前还有古树两棵，一棵为紫微，游人轻抚树干，枝叶便晃动如抖；另一棵为蜡梅，每至寒冬腊月，梅花含苞怒放，星星点点如同蜡塑，奇香扑鼻。

这祠堂的后面原有二臣塔，为埋葬宋朝使臣尸骨的地方。传说，两使臣来劝陈抟应诏辅佐朝廷，被陈抟谢绝，随即也看破红尘，束发做了道士，后来便仙化在这里。

山荪亭在殿堂外西北侧巨石上，传说为陈抟亲手所建，苏轼曾有过修葺。亭建在一巨石上，尖顶圆形，风格独特。

希夷睡洞在山荪亭下，向北走几步就是埋葬陈抟尸骨的地方，称希夷冢。洞前原有铁索可攀，因陈抟尸骨色呈浅红，经年放香，有游人好奇盗去趾骨，众道动怒，砍断铁索，使游人再也不能攀入洞内。

后来又过了许多年，道士们商议为陈抟筑墓，常拿着陈抟的尸骨化缘。1557年春，陕西巡按一元携副使张凤泉谒岳庙，遇一位道士出示陈抟尸骨乞请改葬。一元夜里便梦见陈抟对他说，所改葬之地需戴岳履河。

第二天，一元等随从官员们来到华山北麓，从朝元洞处慢慢向东

察看地形，得先生当年睡洞，见室中石像睡卧之态宛如梦中所云戴岳履河，于是就向北几步定下墓址。

这里前依无忧佳木，后拥石室，左环古柏，右绕清泉，又与云台旧居相对，南仰乔岳，北俯大河，正是善穴。

时隔不久迁葬工程就破土动工，后将陈抟衣衾等物全葬在这里。当时，华阴县士大夫们都赶来送葬。传说当年久旱无雨，葬毕，忽然雷雨大作，百姓们都说这是先生之灵得到安妥的原因。

明万历年发洪水，冢被冲毁，棺木漂出，道士们又将陈抟尸骨复葬于希夷峡，就是后来的冢，已为虚冢。

希夷睡洞内，现有希夷石雕像一尊，俗传病者祷而抚之，沉疴则愈。周边有无忧树数棵，山荪亭前的一棵传为陈抟亲手所植，虽干朽而根不枯，每逢万世便发新枝。

七真殿原名含清殿，在希夷睡洞西，后因供奉道教全真七子而改名七真殿。丘处机因在其七子中成就最高，故居其中。其他6位马钰、谭处端、刘处玄、王处一、郝大通、孙不二则分列左右。

无忧亭在院内西北角。亭内宽敞雅洁，盛夏纳凉至此，心清气爽，乐而无忧。

天然石炕在希夷冢北，石炕上建筑飞檐角高，雕梁画栋，石炕周围一泓清波，并有曲桥沟通池岸，清风徐来，碧波荡漾，石炕呈现一种动态美。

七十二窗廊绕院一周，窗形据战国儒家经典作品《礼记·月令篇》记述：

> 七十二物精心建制，有方有圆，有花鸟虫兽，皆各具情态，栩栩如生，可谓建筑史上的一大创造。

除此而外，院内还有纳凉亭、通天亭、三官殿、群仙殿、百狮台等古代建筑多处。

院内的金石题刻琳琅满目，其中有宋代大书法家米芾的“第一山”题碑，还有明万历年所立的“华山图碑”，上刻王维、李白等诗句多首。

还有名儒王宏撰请当时的民工贾群绘制的“华山全图碑”，有清光绪皇帝御笔亲书“古松万年”匾额、慈禧太后所书“道崇清妙”匾额等。

园林式的纯阳观，在玉泉院东的文仙峪口，始建于明代，因供奉八仙之一的吕洞宾得名。观内两厢有后来的道士孟元照及弟子孙亨纯募修的12孔石洞，又被当地人俗称为十二洞。

纯阳观的建筑模式，为一座北方园林，观门前曲水修竹，观内古树婆娑，伴有奇花异草交相辉映，环境清幽，雅静宜人。

纯阳观的主体建筑为吕祖殿，坐南向北，5开间，砖木结构。殿堂正中供奉吕祖坐像，其凤眼溢彩，神态祥瑞，超然物外。

传说吕祖成仙之前，曾在纯阳观南的山谷隐居修行，他居住的山谷后来被命名为文仙峪，他打坐的地方被称为吕洞宾造墨处。

四合院式的东道院在华阴市华山青柯坪以东， 1714年，道士郧礼慧创建，后来又得到重新修缮。道院坐东朝西，规模不大，小巧玲

珑，正殿3间，楼阁道舍20余间。

宫座由东向西，背依山崖，北临深沟，建筑结构严谨典雅，围墙内有前殿、上殿、过廊、楼台等。院门口悬有“华青八景”匾额，为清朝光绪皇帝所写。殿前“盘道连云”匾额，为慈禧太后所题。

院内窗明几净，环境清雅，院北唐槐树婆娑多姿，生机盎然。院南有桃花洞、白衣洞、雪花洞、皓天洞等岩壁石洞，均为古时道士静心修炼之处。四周群峰环抱，景色如画。

东道院原名九天宫，宫内供奉九天娘娘塑像，仪态端庄，形象生动逼真。九天娘娘也称九天玄女，道教尊崇的上古女神。传说她人头鸟身，是圣母元君的弟子、轩辕帝的师父。

传说黄帝与蚩尤战于涿鹿，九天娘娘下凡，以六壬、遁甲、兵符、图策、印剑等物授予黄帝，并制作了夔牛鼓80面，帮助黄帝打败

蚩尤，所以，道教史山都有九天娘娘的庙宇。

清雅悠久的镇岳宫位于西峰东坡下边，这里林木繁茂，苍松插天，溪水环绕，松涛声和流水声交融在一起，甚是清雅。

镇岳宫为一楼一殿，供奉镇守华岳之神，即“西岳大帝”。宫内有一大石洞，内供“玉皇大天尊玄穹高上帝”，洞外崖壁上镌刻有“华庙观上院镇岳宫”8个大字。

镇岳宫是一块洼地，海拔1.7千米，两股溪流汇合于此。从前这里是一大片莲花，每到夏季，这里莲花朵朵，草青林茂，景色格外迷人。在这里塑有西岳大帝像一尊。

白云宫的仙姑观又名仙宫观、柱臣观，在华山玉泉院东，是唐金仙公主修真养性的地方。如今白云峰大上方有她修行的白云宫、看岳棚、竹园、药畦、驾鹤轩遗址。

仙姑观是白云宫的下院，每到冰天雪地的时节，朝廷就派侍臣接金仙公主至下院修行。因侍奉金仙公主的两位大臣也看破红尘，遁入空门，仙蜕在观，所以一度称观为柱臣观。观内东侧的砖塔，即二臣的葬身处，称二臣塔。

观内庙宇为清代建筑，院内面积约4000平方米，有围墙、门楼、门房、东西厢房、上殿等，而且观内名树婆娑，芳草如茵。观外翠竹千竿，溪水淙淙，环境清幽。游人到此，顿觉心旷神怡。

华山主庙金天宫又称白帝祠，在南峰松桧峰头，是华山主峰上祭祀华山神的主庙。先前，祭祀华山都在山下，到魏太武年间才在主峰立祠，但旧址已湮没时久。如今遗址始建于明代，后来又被毁废。

1703年，康熙帝西巡，祭祀华山时见金天宫一片破败，便拨银令陕西巡抚鄂海重新修建，庙成后康熙帝亲赐题匾，鄂海撰文立碑。

1778年，陕西大旱，陕西巡抚毕沅到金天宫祀神祈雨，果然天降甘霖，毕沅奏请朝廷，对金天宫又进行了一次大的修葺，乾隆皇帝不仅亲笔御赐了“岳莲灵澍”匾额，而且为新修的金天宫撰楹联一副。

由于清初几次大的修葺，金天宫面貌焕然一新。整个建筑宏伟壮丽，古朴庄严，且铁瓦石墙，文窗绣拱。宫内大殿供奉西岳华山神少昊，其祀典之隆，规模之大，一般庙无法比拟。

翠云宫在华山西峰，又称西峰大殿，始建于清初。庙内主持周静观在此释经布道，由于周静观的博学与才华，吸引得四方信徒纷至沓来，庙内香火大盛，甚至超过了诸峰各庙观，宫也由此而扩建重修。

重修的翠云宫为木石结构，依崖就势而筑。外廊明柱，雕梁画

栋，镂花门窗，其风格秀丽典雅。

翠云宫分前后两殿，上下两层，东西各建有配殿，将前后两殿沟通连为一体。后殿门额悬有翠云宫牌匾，殿内供奉众星之母斗姥神位，塑像神态威严端庄。

华山奇峰险境中的道教建筑，神奇俊伟，古韵悠悠，是我国建筑史上的奇迹，闪耀着古代文明的灿烂光辉。

知识点滴

传说康熙生后从未见过他的父亲。成人之后，不得不为自己的出身感到奇怪，忍不住便问其生母。他的母亲名叫田禾，他却不知道。母亲见他已长大了，告诉他："你的父亲在西边一个山上当道士。"

转眼到了康熙50岁时。这年十月，康熙巡狩到了华阴，就产生了上山寻父的心。返京途中路经一座庙，见一老道正在洒扫庭院，他又想起了他父亲，便进去和道士攀谈起来。最后老道忽然问他："田禾好吗？"

可惜康熙不知其母此名，却以为他在问地里的庄稼，便答道："仰赖岳神庇佑，庄稼长得很好！"

老道虽面呈喜色，但眼神却暗淡了。康熙亦未看出，就告辞而去。

回京后，他把此事告诉了母亲，他母亲惊喜得不可名状，告诉康熙那个老道就是他的生父，因为她就叫田禾。康熙听了，追悔莫及，忙派人去找，听说道士已死。

康熙为了纪念父亲，在庙址上重建了西岳庙。当地不少人认为西岳庙乃康熙所建。